마음을 공부하라

마음을 공부하라

폭풍이 몰아칠 때 고요함을 찾는 법

한근태 지음

서문

나는 마음이 불편한 일은 하지 않기로 했다

오래전 일이다. 집안 어르신을 모시고 제주 올레길을 걸었다. 그렇게 아름다울 수 없었다. 근데 그중 한 분은 집안일로 전화하느라 그 아름다운 풍경을 전혀 보지 않았다. 비가 많이 와서 차가 잠긴 것에 관해 자식들과 얘기하느라 경치를 전혀 보지 않았다. 아니, 경치가 눈에 들어오지 않는 거 같았다. 마음이 딴 데 가 있으면 좋은 경치를 봐도 눈에 들어오지 않는다는 사실을 그날 깨달았다. 필화사건에 휘말린 적이 있다. 내가 글에서 모 회사를 실명으로 거론했는데 그게 문제가 된 것이다. 종일 그 문제를 해결하느라 아무것도 하지 못했다. 누군가 맛난 음식을 대접했는데 음식이 코로 들어가는지 입으로 들어가는지 알지 못했다. 마음이 너무 불편해 하루가 몇 년은 되는 것 같았다.

인생에서 가장 소중한 것이 무엇일까? 건강, 돈, 가족, 일, 친구 등등 많은 게 있다. 난 거기에 마음의 평화를 더하고 싶다. 다른 모든 걸 가져도 마음이 불편하면 그 모든 걸 즐길 수 없다. 돈이 대표적이다. 억만금을 가져도 마음이 불편하다면 무슨 소용이 있겠는가? 천석꾼은 천 가지 걱정, 만석꾼은 만 가지 걱정이란 말이 왜 나왔겠는가? 큰 부자 중 수면제 없이 사는 사람이 별로 없다는 얘기를 들었는데 같은 맥락이라고 생각한다. 요즘 사람들의 최대 관심사는 돈이고 재테크다. 돈이 된다면 영혼이라도 팔 것 같고 나 역시 돈의 중요성을 무시하지 않는다. 하지만 마음의 평화를 깨면서 돈을 벌고 싶지는 않다.

이 책은 마음의 평화에 관한 책이다. 원래 이 주제에 관심은 많았지만 책까지 쓰겠다는 생각은 없었다. 내가 무슨 의학에 전문성이 있는 게 아니기 때문이다. 근데 어느 날 그동안 세리CEO에 소개한 책을 보다 보니 이상하게 이 주제가 제일 많았다. 거의 30권 가까이 됐다. 그만큼 현대인이 마음의 평화에 관한 니즈가 많기 때문이란 생각을 했다. 그래서 이런 책의 요약을 모으고 거기에 내 의견을 조금 덧붙여 사람들에게 마음의 평화를 주고 싶어 쓰게 됐다.

내가 생각하는 마음의 평화는 고요함이다. 차분함이다. 흔들리지 않는 것이다. 쉽게 흥분하거나 당황하지 않는 것이다. 주변 상황과 관계없이 무게중심을 잡는 것이다. 침착함을 유지하는 것이다. 늘 평온한 상태를 유지하는 것이다. 그렇다면 반대말은 무엇일까? 늘 불안한 것이다. 안절부절못하는 것이다. 수선과 호들갑을 떠는 것이다. 노심초사하는 것이다. 자기감정을 조절하지 못하는 것이다. 쉽게 부화뇌동하는 것이다. 늘 흔들흔들하는 것이다. 서양에서 말하는 마음의 평화는 아타락시아$_{ataraxia}$다. 방해받지 않는 상태를 뜻한다.

사랑에 빠지거나 술에 취했을 때 느껴지는 기분 좋은 순간이 아니라 주위가 평온함에 다다른 상태를 가리키는 말이다.

마음의 평화는 담담함이고 초연함이고 의연함인데 거기 관련해서는 경주 최씨의 6연六然을 소개하고 싶다. 일종의 처세술인데 다음 여섯 가지를 말한다. 첫째, 자처초연自處超然이다. 혼자 있을 때는 초연超然하게 행동하라는 것이다. 둘째, 대인애연對人靄然이다. 다른 사람을 대할 때 온화하게 행동하라는 것이다. 셋째, 무사징연無事澄然이다. 일이 없을 때는 맑고 고요하게 지내라는 것이다. 넷째, 유사감연有事敢然이다. 위급한 일이 닥쳤을 때는 과감하고 용기 있게 대처하라는 것이다. 다섯째, 득의담연得意澹然이다. 뜻을 이루었을 때는 들뜨지 않고 담담하게 행동하라는 것이다. 여섯째, 실의태연失意泰然이다. 뜻을 잃었을 때는 낙심하지 않고 태연하게 행동하라는 것이다. 일이 있거나 없거나, 사람이 옆에 있거나 없거나 늘 담담하게 행동하라는 말이다.

근데 힘든 세상에 살면서 마음의 평화를 유지하는 일은 쉽지 않다. 마음의 평화를 깨는 일이 너무 많다. 걱정이 대표적이다. 걱정에는 세 종류가 있다. 돈 걱정, 건강 걱정, 관계 걱정이 그것인데 그중 가장 해결이 쉬운 걱정은 돈 걱정이다. 돈 걱정은 돈만 생기면 해결되기 때문이다. 반면 건강 관련 걱정과 관계 관련 걱정은 해결이 쉽지 않고 때로는 불가능하기도 하다. 현재 여러분의 상태는 어떠한가? 마음이 잔잔한 호수처럼 평온한가? 아니면 늘 불안하고 초조하고 두려운가? 불안하고 두렵다면 그 정체는 무엇인가?

마음의 평화를 깨는 주적은 두려움과 불안이다. 근데 둘은 다르다. 두려움은 현재의 감정이고 불안은 미래의 감정이다. 산에서 곰을 만났을 때 느끼는 감정은 두려움이다. 위험의 대상이 명확하다. 아드레날린이 분비되면서 위협을 피하거나 대처할 수 있도록 도와준다. 불안은 뚜렷한 원인이 없거나 있어도 막연하다. 지금은 괜찮지만 이대로 가면 미래에 문제가 생길 수 있다고 생각할 때 생기는 감정이다. 두려움은 명확한 위협에 대한 즉각적 반응이고 불안은 불확실한 미래에 대한 걱정과 긴장에서 비롯된 감정이다. 근데 불안이 나쁜 것만은 아니다. 불안은 시그널이다. 뭔가 있으니까 거기에 대비하라는 것이다. 불안이 없다면 어떤 일이 벌어질까? 시험을 앞둔 수험생이 느긋하다면? 1년째 놀고 있는 가장이 아무 느낌이 없다면? 적이 언제 쳐들어올지 모르는데 아무 걱정이 없다면 어떤 일이 벌어질까? 그런 면에서 불안을 자주 느끼는 사람이 생존하고 성공할 가능성이 크다. 하지만 뭐든 지나치면 좋지 않다.

마음의 평화는 자신에게 충실할 때 얻어진다. 해야 할 일을 하고 하지 말아야 할 일을 하지 않을 때 마음의 평화가 온다. 시험 때 공부하지 않고 딴짓할 때 얼마나 마음이 불안한가? 거짓말을 할 때 마음의 평화가 깨지는 것을 우리는 이미 경험했다. 자신의 생각, 말, 행동 사이에 차이가 없어야 평화가 온다. 속으로는 그렇게 생각하지 않는데 눈치 때문에 그렇다고 얘기하면 마음이 불편하다. 평화란 가만히 있는 것을 의미하지 않는다. 오히려 부단히 움직이는 것을 의미한다. 마음이 편하냐, 불편하냐는 우리 삶을 지탱하는 나침반의 역할을 한다. 흔히 사람들은 마음이 편한 것보다는 몸이 편한 것을 찾는다. 하지만 반대가 되어야 마음에 평화가 온다.

마음의 평화를 위해서는 나 자신에게 상냥해야 한다. 남이 아닌 나 자신과의 관계가 좋아야 하는데 핵심은 자신감이다. 자신감은 부정적 화살의 공격에서 당신을 보호하는 방패막이다. 자신감이 없는 자리에는 두려움과 불안이 자리를 잡는다. 두려움은 의심을 낳고 의심은 자신감을 손상시킨다. 걱정과 두려움 속에서 살면 에너지가 많이 든다. 늘 불안한 마음으로 사는 사람은 에너지를 축적할 수 없다. 당신이 원하는 모든 것은 두려움 너머에 있다. 그러므로 나 자신에게 가장 잘해야 한다. 충실해야 한다.

마음의 평화는 두려운 일을 할 때 사라진다. 두렵다고 두려운 일을 하지 않으면 두려움이 삶을 지배하게 된다. 두려운 일을 피하면 더 큰 두려운 일이 일어난다. 이를 위해서는 하기 싫은 일을 가장 먼저 해야 한다. 하기 싫은 일을 방치하면 그게 머릿속에 남아 마음의 평화를 깬다. 공자님이 한 말 중 군자탄탕탕君子坦蕩蕩 소인장척척小人長戚戚이란 말이 있다. 군자는 마음이 넓고 평온하며 소인은 늘 근심하고 걱정한다는 의미의 한자 성어다. 마음이 넓고 여유로운 군자는 세상일에 흔들리지 않고 평온한 반면 마음이 좁고 자기 이익만 좇는 소인은 사소한 일에도 늘 불안해하고 걱정한다는 뜻을 담고 있다. 여러분의 현재 마음은 어떠한가? 마음의 평화가 있는가?

마지막으로 송민화의 저서 『인생, 두줄이더라』의 다음 얘기를 소개한다. "칭찬에도 흔들리지 말 것, 이 모든 순간에 감사할 것, 시련을 만나도 끝내 웃을 것, 외로운 이들에게 따뜻한 냉이국 같은 사람이 되어줄 것, 실패를 두려워하지 말 것, 세상을 어린아이처럼 순수하게 바라볼 것, 나를 힘들게 하는 과거를 불러내지 말 것, 법은 밥처럼 든든하고 꽃처럼 아름다워야 할 것 등등."

| 차례 |

서문   나는 마음이 불편한 일은 하지 않기로 했다 • 4

1장   그 누가 아닌 진짜 나로 살기   13

모든 그때는 절정이다 • 15 | 나답게 나 자신이 되기 • 20 | 스스로 초연하게 씩씩하게 • 23 | 자신을 무조건 사랑하기로 • 26 | 신세 지지 않고 우뚝 서자 • 30 | 직선이 아닌 곡선의 마음 • 33 | 마음 놓침에서 마음 챙김으로 • 37 | 베풀되 아무 기대를 하지 않기 • 41

2장   감정의 소용돌이에서 벗어나기   45

감정의 파도에 대처하기 • 47 | 화를 내지 말고 표현하자 • 51 | 분노의 화염에서 빠져 나오기 • 55 | 불안을 현명하게 관리하기 • 59 | 남의 말 아닌 자기 말에 귀기울이기 • 62 | 결정적 순간에 흔들리지 않기 • 67

3장   단순함 속에 머무는 연습하기   71

자기만의 시간을 갖기 • 73 | 때론 아무것도 하지 않기 • 77 | 빡빡하지 않게 듬성듬성 • 81 | 오늘 못한 것은

내일 하기 • 85 | 가볍게 단순하게 살아라 • 88 | 자기만의 삶의 철학 정립하기 • 92 | 디지털 기기와의 관계 재정립 • 97 | 쓸데없는 걱정에서 벗어나기 • 101

4장 몸을 다스려서 마음을 다스리기   105

마음의 변화는 몸의 변화에서 • 107 | 몸이 하는 말에 귀 기울이기 • 112 | 알맞은 정도로만 수유하기 • 116 | 홀가분한 삶을 살기 위해서 • 119 | 치우친 삶에서 적정한 삶으로 • 123 | 지나치게 보다 부족하게 갖기 • 127 | 남들 다 했어도 나는 하지 않기 • 131 | 마음에 식스팩 만드는 훈련하기 • 135 | 나의 몸과 마음부터 갈고닦기 • 140

5장 타인의 시선 신경 쓰지 않기   145

사건과 사물을 있는 그대로 보기 • 147 | 걱정해야 할 것은 걱정을 하자 • 151 | 내일 일은 내일로 미루기 • 155 | 뾰족해지지 않게 관리하기 • 158 | 자기 처지에 맞게 • 163

6장 자기다움을 지키며 관계 이어가기   167

내 방에 초대할 사람들 정하기 • 169 | 친절하게 상처받지는 않게 • 173 | 가면을 벗고 약점 드러내기 • 177 |

전략적으로 거절할 줄 알기 • 181 | 친밀감은 겨울 외투와 같다 • 184 | 심리적 순위로 자기를 보호하자 • 188

7장 삶의 굴곡과 계절을 받아들이기 193

인생의 비극에 대응하는 방식 • 195 | 삶에서 가장 중요한 교훈 배우기 • 199 | 인간만이 미래를 생각한다 • 204 | 원래 있던 기쁨 발견하기 • 208 | 세상에 쓸모없는 것은 없다 • 213 | 모두가 한때일 뿐임을 알기 • 217 | 겨울에 절제하고 가벼워지기 • 221 | 휘둘리지 않고 소신껏 살기 • 225

8장 부정적인 것들을 멀리하기 231

마음의 밭을 갈아라 • 233 | 마음의 평안이 행복이다 • 237 | 가장 약한 고리가 먼저 끊어진다 • 240 | 서로가 서로에게 영향을 끼친다 • 244 | 남아 있는 시간은 소중하다 • 247 | 부정적인 것과 이별하자 • 250

참고도서 • 253

1장

그 누가 아닌 진짜 나로 살기

모든 그때는 절정이다

삶에서 가장 힘든 나이가 언제일까? 언제 가장 앞이 캄캄할까? 다시는 돌아가고 싶지 않은 나이가 있다면 언제인가? 개인마다 다르겠지만 난 40대가 가장 힘들었다. 그야말로 앞이 보이지 않았다. 경제적 이유와 직업적 이유 때문이었다. 30대에 대기업 임원이 됐지만 내가 생각한 삶이 아니었다. 월급은 많았을지라도 자유는 제로였다. 직장은 그야말로 창살 없는 감옥이었다. 계속 탈출을 꿈꾸고 있었고 마침 회사를 떠나야 할 일이 생겼다. 사실 버티면 됐다. 나와 비슷한 처지에 있는 동료와 선배는 그냥 버티면서 살았다. 하지만 당시 40대 초반이었던 난 다른 선택을 했다. 아니, 다른 결정을 했다. 결정보다 결단이란 말이 맞는다. 직장을 그만두는 게 아니라 직업을 바꾸기로 했다. 근데 타이밍이 문제였다. 회사를 떠나는 시점에 IMF 외환위기가 터진 것이다. 회사가 얼마나 안락하고 편한 곳인지 깨달았지만 때는 늦었다.

내가 택한 건 컨설팅인데 받아주는 곳이 없어 몇 달간 무보수로 다녔고 몇 달 후 나오는 급여도 200만 원 정도였다. 이를 갖고 한 가정을 꾸리기는 불가능에 가까웠다. 몇 푼 안 되는 퇴직금으로 집 살 때 빌린 돈을 갚고 회사에서 준 차를 반납하고 몇 년간 차 없이 살았다. 경제적으로 힘든 것보다 미래에 대한 두려움이 훨씬 컸다. 두려움을 넘어 공포에 가까웠다. 이대로 처자식과 같이 길바닥에 나앉는 상상을 참 많이 했다. 지금 힘들어도 미래에 나아진다는 믿음이 생기면 좋을 텐데 그건 아무도 모르는 일이다. 점도 보러 다녔다. 그래도 새로운 변화에 따른 기쁨이 있었고 새로운 직업에 설렜다. 시간이 지나면서 '이곳에서도 잘하면 성공할 수 있겠다.' '의외로 내 성향과 잘 맞는다.' '이곳에 있는 사람들도 별거 아니네.'라는 생각이 들었다. 답답한 심정에 꾸준히 글을 썼고 그걸 경제지에 실었다. 그 글들로 여러 기회가 생기면서 조금씩 앞이 보이기 시작했다. 거의 25년 전 얘기다.

근데 나만 이렇게 힘든 40대를 보낸 건 아니다. 주변을 봐도 그 나이에 가장 많이 갈등하는 것 같다. 지금 하는 일이 맘에 들지는 않지만 그렇다고 다른 일을 하기에는 걸림돌이 많은 것이다. 혼자가 아니라 가정을 꾸린 경우는 더욱 그러하다. 애들이 한창 공부할 때라 돈이 들어가고 부모도 모셔야 한다. 삶의 모든 문제가 한꺼번에 일어나면서 하루하루가 힘들게 느껴진다. 이의수의 『아플 수도 없는 마흔이다』라는 책은 그런 애환을 그린 책이다. 책 내용의 일부를 소개한다.

"우선 회사 생활이 만만치 않다. 어렵게 들어왔고 아직 애들도 어린데 회사 생활을 하는 것이 쉽지 않다. 때로는 원하지 않아도 어느 쪽엔가 줄을 서야 할 때도 있다. 어느 순간 필수품이 아니라 소모품이 된 기분이 들기도 한다. 그래서 뭔가 새로운 일과 자신이 좋아하는 일을 하라고 충고한다. 인생 2모작을 말한다. 말은 맞지만 절대 쉽지 않다. 좋아하는 일을 찾았다고 해도 망설임 없이 그 길을 선택하고 실행에 옮기는 일도 어렵다. 용기가 나지 않는다. 나도 모르게 '이 나이에 뭘⋯⋯.'이라는 생각이 든다. 일종의 조로 현상이다. 이런 사고방식에 익숙해지면 무기력증에 빠지기 쉽다. 물론 이 문제는 스스로 해결해야 한다. 조병화 시인의 '결국, 나의 천적은 나였던 거다.'라는 말처럼 자신이 변화의 가장 큰 걸림돌일 수 있다."

직업 문제 다음은 집 문제다. 소설가 박영한은 1년 동안 지하에 살면서 『지상의 방 한 칸』이란 소설을 썼다. 그가 얼마나 지상을 그리워했으면 책 제목을 이렇게 썼을까 공감이 간다. 여기 주인공은 모든 살림을 아내에게 맡긴다. 가정경제는 나 몰라라 하며 살았다. 13년 동안 여덟 번이나 이사했다. 1.6년에 한 번꼴이다. 그러다 일산으로 집을 사 이사를 하게 된다. 무슨 돈으로 집을 샀을까 신기했다. 하지만 묻지 않는다. 근데 어느 날 대출금 1억 5,000만 원을 갚으라는 안내문을 보게 된다. 자신이 바로 '하우스푸어'였던 것이다. 나 역시 오랜 세월 전세를 전전했다. 집값이 이렇게 뛸 줄은 꿈에도 생각하지 못했다.

40대와 마음의 평화는 어울리지 않는 단어다. 마흔을 불혹이라고 한 공자의 주장은 말이 되지 않는다. 그때의 마흔과 지금의 마흔은 완전히 다르다. 유혹에 흔들리지 않기는커녕 가장 유혹이 많은 시절이다. 지금의 마흔은 삶에서 가장 힘든 시절이다. 그래서 정말 중요한 시기다. 그때의 결정, 그때 만난 사람들, 그때 공부한 것들, 그때 경험한 것들이 미래의 나를 만들기 때문이다. 마흔은 변화할 수 있는 마지막 시기다. 하지만 어떻게 변화하라고 할 수는 없다. 사람마다 처한 상황이 너무 다르기 때문이다. 하지만 다음 질문은 그런 변화에 도움이 된다. "당신의 칠순 잔치에서 40대의 당신으로부터 무슨 얘기를 듣고 싶은가? 절대 듣고 싶지 않은 말이 있다면 무엇인가? 어떻게 해야 미래의 당신으로부터 칭찬을 들을 수 있겠는가?"

낼모레 일흔인 난 40대인 내게 이런 얘기를 하고 싶다. "대기업 임원 자리에 안주하지 않고 변화를 준 건 내 인생에서 가장 잘한 일이다. 서울대학교를 나와 공학박사를 딴 것보다 익숙한 곳을 떠나 새로운 업종에 도전한 일은 정말 잘한 일이다. 변화의 힘든 시기를 잘 이겨낸 것도 기특하다. 우연히 하게 된 책 소개하는 일을 평생 직업으로 한 것도 잘한 일이다. 당시에는 별일 아닌 것으로 생각했지만 덕분에 밑천이 두둑해졌고 그 밑천으로 50권의 책을 쓴 저자가 된 것도 잘한 일이다. 덕분에 남들 은퇴할 나이에도 현직으로 일할 수 있는 건 큰 축복이다." 사실 의도한 건 별로 없다. 답답한 곳을 뛰쳐나와 자유롭게 살고 싶었고 그때그때 들어온 제안에 성실하게 응한 것뿐이다.

40대는 가장 힘든 나이다. 뭔가 결단을 해야 하는 나이다. 지금을 놓치면 다시 기회를 잡을 가능성이 줄어든다. 동시에 40대는 무척 아름다운 나이다. 본인은 많은 나이라고 생각할 수도 있다. 하지만 무엇이든 할 수 있는 나이다. "20대에는 서른이 두려웠다. 서른이 되면 죽는 줄 알았다. 이윽고 서른이 되었고 싱겁게 난 살아 있었다. 마흔이 되니 그때가 그리 아름다운 나이였다. (…중략…) 죽음 앞에서 모든 그때는 절정이다. 모든 나이는 아름답다. 다만 그때는 그때의 아름다움을 모를 뿐이다." 박우현 시인의 『그때는 그때의 아름다움을 모른다』의 일부다. 여러분의 40대는 어땠는가? 되돌아갈 수 있다면 어떤 변화를 주고 싶은가? 지금 40대는 지금의 시간을 어떻게 생각하고 있는가? 그때는 몰랐지만 40대는 너무 아름다운 나이란 걸 지금은 절절히 깨닫고 있다.

나답게 나 자신이 되기

지인 중 늘 남을 심하게 의식하면서 행동하는 사람이 있다. 그분을 보면 '저렇게 살면 얼마나 불편할까?'라는 느낌을 받는다. 말할 때 자연스럽지 않다. 카메라를 의식하면서 의도적으로 멋지게 말하려는 것이 느껴진다. 자기 의견이라기보다 사람들이 원하는 답을 말하려는 것 같다. 말하는 사람도 불편하고 듣는 사람도 거북하다. 걷는 것도 부자연스럽고 가만히 있을 때조차도 부자연스럽다. 늘 의도적인 표정을 하는 것 같다. 만날 때 과도하게 반가운 표정을 짓는데 정말 반가운 게 아니라 반가워해야 한다는 의무감에서 반가워하는 것 같다.

칭찬할 때도 그런 것이 느껴진다. 마음속에서 우러나오는 진정한 칭찬이 아니라 칭찬해야 다른 사람으로부터 인정받기 때문에 한다는 느낌을 받는다. 언어 선택도 느끼하기 그지없다. 걸핏하면 경영이 아름다워야 한다고 한다. 그 얘기를 들을 때마다 도대체 아름다운 경영이란 무엇인지, 경영과 아름다움을 어떻게 연결해야 할지 난

감하다. 마치 '살인의 추억'을 들었을 때만큼이나 황당하다. 그 사람을 보면 늘 '저 사람의 본심은 무엇일까? 무엇이 저렇게 불편한 태도를 선택하게 했을까? 저렇게 살아도 몸이 괜찮을까? 계속 저런 가식적인 태도를 유지하는 것이 가능할까?'라는 생각이 든다. '같이 있는 사람도 저렇게 불편한데 당사자는 얼마나 괴로울까?'라는 동정심마저 생긴다.

상사가 맘에 들지 않는다고 상사 말을 듣지 않을 수는 없다. 그런 내색을 맘대로 할 수도 없다. 하지만 마음속으로 갈등이 일어나고 마음이 불편한 건 사실이다. 생긴 대로 살 때 가장 맘이 편하다. 유머도 그럴 때 작동한다. 모두 그렇게 생각하고 있지만 차마 그 생각을 겉으로 드러내지 못했다. 그런 사람들의 생각을 표현할 때 웃을 수 있다. 유머가 마음을 편하게 해준 것이다.

생긴 대로 살아야 성과도 난다. 가만히 있으면 속에서 천불이 나고 나가서 돌아다녀야 몸과 마음이 가뿐해지는 사람에게 사무실에 하루 종일 틀어박혀 서류 정리를 하라고 하면 성과가 나겠는가? 그런 면에서 GE의 잭 웰치 회장 이야기는 시사하는 점이 많다. 회장이 되기 전이었다. 그는 당시 멘토 역할을 했던 코카콜라 사장에게 고민을 털어놓았다. "제가 성격이 불같고 표현이 너무 직설적이라 조직에서 분란도 일으키고 하는데 어떻게 했으면 좋겠습니까?" 가만히 듣고 있던 멘토가 한마디 했다. "자기답게 하세요 Be yourself." 생긴 대로 살라는 것이다. 무리하게 다른 사람 흉내를 내지 말라는 것이다. 사실 이런 특성 때문에 그는 회장에 선발되었다. 거대한 공룡 조직이던 GE에는 뭔가 혁신적이고 다른 캐릭터의 소유자가 필요했던 것이다. 웰치는 거기에 딱 들어맞았다.

언제 마음이 불편한가? 난 속과 다르게 행동할 때 불편하다. 돈이 없으면서 있는 척하고, 모르면서 아는 척하고, 착하지 않으면서 착한 척하고, 불편하지만 불편하지 않은 척할 때 불편하다. 화가 났지만 애써 화가 안 난 것처럼 할 때 괴롭다. 구본형 작가의 책에 이런 구절이 나온다. "자신을 바꾸어 다른 사람이 된다는 것은 가장 비효과적인 방법이다. 성공 가능성이 별로 없다. 변화의 핵심은 자신을 바꾸는 것이 아니라 진정한 자신을 찾아가는 여정이다." 화가 장욱진도 비슷한 얘기를 한다. "나는 내 뜻과 같지 않게 사는 것은 질색이다. 나를 잃어버리고 남을 살아주는 셈이 되기 때문이다. 먼저 자기 마음대로 해보는 것이 중요하다. 그래야 참된 자기 것을 가질 수 있기에."

누구에게나 자신만의 모습이 있다. 그게 정체성이다. 근데 학교에 다니고 사회생활을 하면서 자기도 모르게 자기 모습보다는 남의 눈에 들기 위한 모습으로 변장한다. 그렇지 않은데 그런 척하고 맘에 들지 않지만 드는 척한다. 특히 직장생활이 그렇다. 그래서 별로 하는 일도 없는데 그렇게 피곤한 것이다. 평화롭게 살고 싶은가? 그러면 자신의 원래 모습이 무언지 찾아보라. 그리고 조금씩 생긴 대로 사는 연습을 해보라. 다른 사람의 장단에 놀아나기보다 자신의 장단에 맞춰 춤을 춰보라.

스스로 초연하게 씩씩하게

KBS「아침마당」에 몇 번 출연해 특강을 한 적이 있다. 그전에도 다른 곳에서 몇 번 강의를 한 적이 있어 대수롭지 않게 생각했다. 하지만 이 방송의 영향력이 대단했다. 방송 이후 강의 청탁이 몰려왔다. 강사료도 올라갔다. 온갖 곳에서 강의해달라는 바람에 한동안 바빴다. 이상한 곳에서 전화도 많이 왔다. 주로 도와달라는 전화였다. 제대 후 한 번도 보지 못한 친구를 만나는 행운도 얻었다. 알아보는 사람도 늘었다. 강의한 다음 날 산책하는데 동네 아줌마 몇 사람이 나를 빤히 보고 있다 반갑게 인사를 해서 얼떨결에 인사를 받았다. 그중 한 분이 "이 동네 사시나 봐요?"라고 말을 건다. 순간 긴장했다. 동네 산책할 때도 제대로 차려입고 나와야겠다고 생각했다. 큰딸과 고속버스터미널 근처 식당에서 밥을 먹는데도 비슷한 경험을 했다. 옆에 앉은 아줌마들이 나를 보고 수군거린다. 들어보니 아침마당이 어쩌고저쩌고한다. 밥을 먹다가 꽉 걸리는 느낌이었다. 바로 나왔다.

이름이 알려지는 일은 좋은 일이다. 얼굴이 알려지는 것도 괜찮은 일이다. 연예인뿐만 아니라 나같이 기업을 대상으로 강의를 하는 사람은 그렇다. 얼굴이 알려져야 초청을 받을 수 있고 강사료도 많이 받을 수 있다. 연예인도 인기가 있어야 광고도 찍을 수 있고 몸값도 올라간다. 그래서 많은 사람이 인기를 위해 온갖 행동을 한다. 인기를 위해서라면 영혼까지 팔 것처럼 행동한다. 하지만 인기가 어떤 것인지, 어떤 대가를 지급해야 하는지에 대해서는 별로 생각하지 않는다.

인기에 일희일비하는 것은 위험하다. 이는 다른 사람 손에 내 행복을 위임하는 것과 같다. 다른 사람들이 환호할 때는 온 세상을 얻은 것 같은 기분이 들지만 그렇지 않을 때는 술을 끊은 알코올중독자처럼 손을 떨지도 모른다. 인기는 허무하다. 거품과 같다. 지금은 당신에게 환호할지라도 내일은 언제 그랬냐는 듯 다른 사람에게 환호할 것이다. 인기가 있으면 적은 노력으로 큰돈을 벌 수 있다. 하루 광고를 찍고 서민들 1년 치 연봉을 받을 수도 있다. 정말 끝내주는 일이다. 하지만 인기가 사라지면 돈도 같이 사라진다. 그런 면에서 인기는 마약과 같다. 짜릿하지만 약 기운이 오래 가지 않는다. 계속 약을 투여해야 지금의 쾌감을 유지할 수 있다. 계속 양을 늘리지 않으면 안 된다. 하지만 마약을 계속 맞을 수는 없다. 인기도 그렇다. 무슨 수로 인기를 계속 누릴 수 있는가? 세상에 그런 일은 존재하지 않는다. 유명 연예인들이 우울증에 빠지는 것도, 자살 충동을 느끼는 것도 젊은 나이에 너무 달콤한 인기의 맛을 보았기 때문이다.

얻는 것이 있으면 잃는 것이 있다. 인기는 돈과 명예를 주지만 그 대가로 유명세를 치러야 한다. 사생활도 사라지고 공인이라는 멍에도 짊어져야 한다. "유명 인사는 평생 열심히 노력해서 유명해지고는 사람들이 자신을 알아보는 것이 두려워 검은 선글라스를 쓰고 다니는 사람이다." 프레드 앨런의 말이다. 그런 면에서 배용준이나 장동건 같은 사람을 보면 가여운 생각이 든다. 모든 자유를 빼앗겼기 때문이다. 강남역을 활보할 수도 없다. 동네 산책도 다닐 수 없다. 대중교통도 이용하지 못한다. 아무 음식점이나 갈 수도 없다. 연애도 제대로 할 수 없다. 자기 집 외에는 온 세상이 감옥 같을 것이다. 무엇보다 끔찍한 일은 그들은 사람들을 모르는데 세상 모든 사람들은 그가 누군지 안다는 것이다. 방송 이후 나는 한 가지 결심을 했다. "강사로, 저자로 유명해지는 것은 추구하되 가능한 한 방송 출연은 자제하자." 얼굴이 알려지는 것의 불편함을 알았기 때문이다.

무엇보다 인기는 마음의 평화를 해친다. 의식하지 않으려 해도 인기인은 자기 인기에 연연한다. 인기에 일희일비할 수밖에 없다. 의식할 게 많고 행동에 걸림돌이 많아진다. 그런 면에서 인기인은 자유를 담보로 돈과 명예를 선택한 사람이다. 마음의 평화를 위해서는 의연함이 필요하다. 남이 뭐라 하든 별로 개의치 않는 것이다. 알아주지 않아도 초조해하지 않는 것이다. 인기가 있으면 있는 대로, 없으면 없는 대로 씩씩하게 살아가는 것이다. 초연함은 이병철 회장의 처세관이기도 하다. 상대가 아무리 물어뜯으려 해도 나무로 깎아 만든 닭처럼 초연하게 대처한다는 것이다.

자신을 무조건 사랑하기로

스스로 어떻게 생각하는가? 이 정도면 참 괜찮다고 생각하는가? 난 참 바보 같은 존재라고 생각하는가? 댓글에 유난히 민감한 연예인이 있다. 남의 눈을 지나치게 의식하는 사람도 있다. 사소한 것도 결정을 내리지 못하는 사람도 있다. 모두 자존감과 관련 있다. 그만큼 자존감은 우리 삶에 중요하다.

자존감이란 무엇일까? 자존감이란 스스로 자신을 어떻게 평가하는가를 말한다. 남이 생각하는 내가 아니라 내가 생각하는 나에 관한 생각이 바로 자존감이다. 글자 그대로 자신을 존중하는 마음이 있느냐가 바로 자존감이다. 자존감에는 세 가지 축이 있다. 자기 효능감, 자기 통제력, 자기 안전감이 그것이다. 자기 효능감은 스스로 쓸모 있는 사람으로 생각하는 것이다. 자기 통제력은 자기 마음대로 하고 싶은 본능을 조절할 수 있는 능력이다. 자기 안전감은 스스로 안전하고 편안하게 느끼는 능력을 의미한다. 만약 스스로 쓸모없는 사람으로 생각하거나 자기 통제를 못 하거나 마음이 늘 불편하다면 자존감이 낮은 것이다.

자존감에 대한 오해와 편견이 있다. 대표적인 것이 '부모님의 사랑을 덜 받아서 자존감이 낮다.'라는 것이다. 그렇지 않다. 자존감이 무조건 부모의 영향이라는 주장은 큰 오해다. 설령 그렇다 해도 여기에 집착하면 자존감을 회복하기는커녕 가족 간 불화만 커지기 십상이다. 또 '칭찬이 부족하면 자존감이 떨어진다.' '자존감만 회복되면 행복해진다.' '자존감이 강하면 나르시시스트가 된다.'라는 생각도 역시 오해다. 잘못된 칭찬은 오히려 공허함만 키우고 칭찬에 대한 환상과 갈망만을 자극한다. 반면 자존감을 회복하면 나르시시스트가 아니라 오히려 자기 허물을 인정하고 받아들이는 사람이 될 수 있다.

자존감이 부족하면 어떤 일이 일어날까? 자존감에 문제가 있는 사람은 십중팔구 사랑을 힘겨워하고 대인관계에서 어려움을 겪는다. "나는 사랑받을 수 없어."라고 생각하며 자기 가치를 부정한다. 상대에게 끊임없이 묻고 확인하다 보면 그 사랑은 집착으로 바뀐다. 계속 싸우지만 막상 이별이 무서워 떠나지도 못한다. 이렇게 자존감이 낮고 늘 자기 비하를 하는 사람과는 만나기 쉽지 않다. 만날 때마다 무슨 말을 해야 할지 고민하게 되고 그러면서 점차 거리를 두게 된다. 자존감이 낮으면 사랑을 확신하는 대신 상대를 의심한다. 제대로 된 사랑을 위해서는 내가 나를 사랑할 수 있어야 한다. 그래야 그 사람도 나를 사랑한다. 자존감이 낮으면 사소한 것도 잘 결정하지 못한다. 결정을 미루거나 남에게 결정을 맡기기도 한다. 무엇보다 자존감이 약하면 자꾸 의존하게 된다. 사실 의존은 나쁜 것이 아니다. 건강한 의존은 문제가 되지 않는다. 뭔가 부족할 때 어떤 대상에게 의존하는 것은 당연하다. 문제는 건강하지 못한 의존이다. 너무 많이 의존하는 것, 의존하지 말아야 할 사람에게 의존하는 것, 자신이 의존하고 있다는 사실을 인정하지 않는 것은 건강하지 못하다.

자존감 회복을 위해서 버려야 할 마음 습관이 있다. 쉽게 절망하는 습관이다. 어떤 사람은 걸핏하면 "망했어."라며 미리 좌절하고 절망한다. 이런 습관은 스트레스에 대한 면역력을 떨어뜨리고 점차 자신감을 잃게 한다. 무기력도 버려야 할 마음이다. 실패, 불합격, 무관심이나 냉소와 같은 부정적 보상을 경험하거나 체력이 소진되고 의욕을 잃으면 무기력에 빠지게 된다. 이럴 때는 원치 않아도, 재미없어도, 의미 없어도 일단 움직이는 것이 좋다. 생각 대신 몸을 움직여야 한다. 예민함도 인간관계를 해치는 마음 습관 중 하나다. 예민함을 떨치려면 자신과 타인을 구분하는 연습을 해야 한다. 내 과제와 그의 과제를 구분하고 그 사람의 감정은 그 사람에게 맡겨두어야 한다.

그렇다면 자존감을 올리기 위해서는 무엇을 해야 할까? 첫째, 자신을 사랑해야 한다. 다소 부족해도 자신을 무조건 사랑하기로 결심해야 한다. 단점 대신 장점을 보고 불완전한 나 자신을 있는 그대로 사랑해야 한다. 둘째, 있는 그대로 자신을 사랑해야 한다. 늘 자신을 다그치고 비난하는 대신 뭔가 문제가 있어도 "괜찮아. 지금 잘하고 있어" "난 최선을 다했어. 그걸로 충분해."라고 하며 자신을 위로

하고 다독일 수 있어야 한다. 셋째, 스스로 결정하고 그 결정에 대한 책임을 져야 한다. 결정한다는 것은 두려운 일이다. 거기에 대한 책임을 져야 하기 때문이다. 잘못될 수도 있다. 그래도 스스로 결정할 수 있어야 한다. 그래야 뭔가 배울 수 있고 발전할 수 있다. 넷째, 지금과 여기에 집중해야 한다. 지나간 문제와 앞으로 닥칠 문제를 생각하지 말고 지금 당장 할 일에 집중해야 한다. 세상에서 가장 소중한 것은 바로 지금 순간과 지금 여기 이곳이다. 끝으로 패배주의를 뚫고 전진해야 한다. 자신은 잘 안될 것이라는 생각 대신 모든 일이 잘 풀릴 것이라고 확신하면서 사는 것이다.

자존감을 회복하면 뇌가 건강해지고 뇌가 건강하면 자존감이 회복될 수 있다. 뇌를 행복하게 하는 방법이 있다. 걷기와 표정 짓기와 혼잣말하기가 그것이다. 자신을 존중하는 사람처럼 걷고 나를 사랑하는 표정을 지으며 힘든 일을 겪을 때도 "괜찮아. 누구나 이런 일은 겪어."라고 혼잣말을 해보자. 유난히 상처받았다는 말을 많이 하는 사람이 있다. 들어보면 별것도 아닌 일에 상처를 받았다. 왜 그 사람은 그렇게 쉽게 상처받을까? 바로 자존감이 낮기 때문이다. 늘 상처받을 만반의 준비를 하고 있기 때문이다. 나는 이런 사람에게 운동을 권한다. 내 경험상 운동은 자존감을 높이는 좋은 방법 하나다.

윤홍균의 저서 『자존감 수업』에 나오는 내용이다.

신세 지지 않고 우뚝 서자

평생 부모 신세를 지면서 사는 사람이 있다. 학교 다닐 때는 물론 유학 비용도 전부 부모가 댔다. 10년 정도 해외에서 공부했는데 얼추 몇억은 쓴 것 같단다. 교수가 되어 한국에 돌아왔다. 하지만 교수 월급으로 풍족하게 살기는 쉽지 않았다. 아파트 구매부터 애들 과외 비용까지 부모에게 손을 벌리지 않으면 생활이 되지 않는다. 경제적인 것을 부모에게 의존하다 보니 애 낳는 것부터 어느 동네로 이사할 것인가 하는 문제까지 온갖 문제에 부모가 간섭했다. 다 큰 자식에게 콩 놔라, 팥 놔라 하는 부모가 싫었지만 자신들 처지가 처지인지라 싫은 내색도 못 하면서 그렇게 살고 있다.

모든 사람은 자유를 꿈꾸고 자유를 제한하는 것을 싫어한다. 간섭받지 않고 하고 싶은 대로 살고 싶어 한다. 출근하고 싶을 때 출근하고, 여행하고 싶을 때 여행 가고, 아무것도 하고 싶지 않으면 퍼져 있고, 사고 싶은 것을 눈치 보지 않고 살 수 있고……. 하지만 자유롭기 위해 무엇을 어떻게 해야 하는지는 생각하지 않는다.

자유를 위해서는 신세를 지지 말아야 한다. 타인의 돈으로 활동할 때 자유란 없다. 세상에 공짜 점심은 없다. 돈을 받게 되면 구속받게 되어 있다. 부모 돈도 마찬가지다. 돌아가시면 다 내 것이 되리라고 생각한다. 하지만 그 기다림은 만만치 않다. 자식에게 돈을 쏟아부은 부모 처지에서는 별것 아닌 일에도 섭섭함을 드러낼 수 있다. 받은 자식 입장에서는 '돈 좀 줬다고 웬 유세를 떱니까?'라고 생각하기도 한다. 자유를 위해서는 자기 힘으로 살아야 한다. 다른 사람에게 신세를 지는 순간 자유의 침해를 각오해야 한다.

미끼를 알지 못하는 자는 미끼에 현혹되어 죽지만 미끼임을 깨닫는 자는 미끼를 물리치기 때문에 자유를 얻는다. 자유를 위해서는 자기만의 전문성과 실력으로 인정받을 수 있어야 한다. 인간의 삶은 자유를 향한 여행이다. 공부를 열심히 하고 멋진 경력을 위해 밤낮으로 노력하는 것도 따지고 보면 자유롭기 위한 여정이다. 자기 브랜드를 높이는 것의 중요성을 강조하는 것도 그래야 자유로울 수 있기 때문이다. 눈치를 보면서 살아야 하는 수많은 월급쟁이가 기회 있을 때마다 독립을 외치지만 독립하지 못하는 것도 자유인이 되는 순간 생계를 걱정해야 하기 때문이다.

자유는 쉬운 문제가 아니다. 스스로 생계를 책임질 수 있어야 한다. 남에게 어떻게 해달라면서 머리띠를 둘러매는 대신 거친 시장에서 혼자 생존할 수 있어야 한다. 남에게 뭔가를 요구하며 떼를 쓰는 것은 '나는 자유인이 아니고 영원한 노예로 남고 싶다.'라고 광고하는 것과 다르지 않다. 자유란 좋아하는 것을 위해 좋아하지 않는 것에서 벗어나는 일이다. 그런 의미에서 가수 윤도현은 자유의 의미를 제대로 파악하고 있다. "진정한 자유를 얻으려면 뭐든 열심히 해야 합니다. 열심히 하는 자에게 주어지는 것이 진정한 자유이거든요." 그가 한 말이다. 게으른 자는 절대 자유인이 될 수 없다.

누구나 자유를 꿈꾸고 쟁취하기 위해 노력한다. 하지만 자유에는 책임이 뒤따른다. 자기 삶에 책임을 지는 것이 자유다. 다른 사람에게 되도록 신세를 지지 않고 자기 힘으로 우뚝 서는 것이 자유다. 열심히 일해서 자기만의 전문 분야를 확보할 때 자유를 말할 수 있다. 외부로부터의 구속과 억압을 뿌리치려면 스스로 절제하고 관리할 수 있어야 한다.

"자유는 책임을 의미한다. 그래서 대부분 사람은 자유를 두려워한다." 버나드 쇼의 말이다.

직선이 아닌 곡선의 마음

　법정 스님을 좋아한다. 그분의 글을 읽으면 영혼이 맑아진다. 지금 안고 있는 고민이 별거 아니라는 생각도 들고 새롭게 사물을 볼 수 있는 기회도 준다. 느슨했던 삶에 긴장감을 불어넣기도 하고 너무 나만 생각하는 이기적인 삶을 살고 있다는 깨달음도 준다. 법정 스님의 화두는 언제나 '삶'이다. 삶이란 무엇인가? 우리가 순간순간 살고 있는 이 삶은 무엇인가? 무엇을 위해 우리가 살아야 하는가? 나는 진정 인간답게 살고 있는가?

　흡수보다 중요한 것은 배설이다. 배설하지 않은 상태에서 무언가를 자꾸 채우는 것은 위험하다. 하지만 우리 삶은 어떤가? 물질적인 것과 정신적인 것 할 것 없이 차고 넘친다. 너무 많은 것을 보고 듣고 불필요한 말을 쏟아낸다. 이것들은 우리 영혼에 공해와 같다. 이 생각 저 생각 온갖 근심을 미리 받아서 쓰느라 밤잠을 못 잔다. 그릇은 비어야 효용성이 있다. 꽉 찬 그릇에는 아무것도 담을 수 없다. 버리고 내려놓아야 한다. 모든 걸 소유하고자 하는 사람은 어떤 것도 소유하지 않아야 한다. 모든 게 되고자 하는 사람은 어떤 것도 되지 않아야 한다. 자주 나는 새는 그물에 걸리게 되어 있다. 자주 침묵하고 홀로 있으면서 자신을 들여다보아야 한다.

"바쁘다." "정신없다." "스트레스를 받는다."라는 말을 많이 한다. 그런데 도대체 무엇을 위해 그렇게 바쁜 것일까? 그래서 얻는 게 뭘까? 남보다 앞서기 위해서? 앞서면 뭐가 좋은가? 일류가 아니면 살아남지 못할까? 그렇지 않다. 이류와 삼류도 필요하며 또 얼마든지 살아남는다. 일류는 불행하다. 더 올라갈 봉우리가 없기 때문이다. 일류 중 정신질환 잠재성을 지닌 사람이 가장 많다고 한다. 곡선의 마음을 가져야 한다. 직선은 조급하고 냉혹하고 비정하다. 곡선은 여유와 인정과 운치가 있다. 티베트 속담에 "서둘러 걸으면 라싸에 도착할 수 없다. 천천히 걸어야 목적지에 도착한다."라는 말이 있다. 일찍 도착하기 위해서는 빨리 걸어야 할 것 같지만 너무 빨리 걸으면 산소도 희박하고 길도 험해져 금방 지치거나 병에 걸린다는 것이다. 급하게 가는 것이 빨리 가는 것 같지만 그렇지 않다. 때로는 천천히 돌아가는 것이 필요하다. 한동안 서해안 고속도로에서 사고가 가장 자주 났다고 한다. 다른 고속도로에 비해 직선이 많고 곡선이 거의 없기 때문이다.

고난이나 불행도 그렇다. 사람들은 무병 무탈하고 편안한 삶을 꿈꾼다. 하지만 그런 삶은 존재하지 않는다. 어려운 일이 없는 사람은 어디에도 없다. 어려운 일을 피하려 하지 말고 그대로 받아들여야 한다. 세상 만물에는 나름의 의미가 있다. 인생도 그렇다. 앞날을 예측할 수 없어서 살 수 있다. 태어나면서부터 앞날을 예측할 수 있다면 어떻게 살 수 있겠는가? 살맛이 나지 않을 것이다. 모르기 때문에 살 수 있다. 모든 일이 우리 뜻대로 흘러간다면 좋을 것 같지만 오히려 결과는 좋지 않다. 그렇게 되면 어려움을 모르게 되고 영적 깊이가 사라진다. 세상살이에 곤란이 없기를 바라선 안 된다. 곤란이 없으면 오만한 마음과 사치스러운 마음이 일어난다. 남들은 앓는데 나만 앓지 않는다면 더없이 오만해진다. 몸을 가지고 이 세상에 태어나면 언젠가는 다 병을 앓게 마련이다. 모든 걸 그대로 받아들이겠다는 생각은 마음을 여유롭게 한다. 때때로 자신의 삶을 남의 일처럼 객관적으로 받아들일 수 있어야 한다. 자신의 삶을 순간순간 맑은 정신으로 지켜보아야 한다. 그렇게 하면 행복과 불행에 휩쓸리지 않고 물들지 않는다.

펀드에 투자했다 손해를 본 적이 있다. 그때 그런 생각을 했다. "차라리 어려운 친척을 도와주었으면 고맙다는 얘기나 들었을 텐데." 그런 면에서 가장 안전한 투자는 다른 사람에게 덕을 베푸는 것이다. 그것은 절대 손실이 나지 않는다. 그 사람들 가슴속에 살아 있기 때문이다. 살 만큼 살다가 세상과 작별하게 될 때 무엇이 남을까? 한 생애에서 남는 것은 얼마만큼 사랑했는가, 얼마만큼 나누었는가뿐이다. 생전에 얼마나 많은 자비심을 베풀었는가, 선행을 했는가, 덕행을 쌓았는가에 대한 평가는 본인이 아니라 남은 사람들이 한다. 다른 것은 다 허무하고 무상하다. 아무것도 가져갈 수 없다. 공덕이란 물질적으로 베푸는 것만 의미하는 것이 아니다. 말 한마디와 눈빛 하나도 공덕이 된다. 물질이 없어도 맑은 눈빛, 다정한 얼굴, 부드러운 말을 나눌 수 있다. 살아가면서 우리는 많은 은혜를 입는다. 수많은 관계 속에서 눈에 보이고 보이지 않는 무수한 은혜를 입으며 살아간다. 그런 도리를 안다면 스스로 나눌 수 있어야 한다. 성숙이란 나눌 수 있는 것이다.

세상에는 두 종류의 사람이 있다. 절대 죽을 것 같지 않게 사는 사람과 늘 죽음을 염두에 두고 사는 사람이 그것이다. 여러분은 죽음에 대해 생각하는가? 자주 화제로 삼는가, 아니면 아예 얘기도 꺼내지 못하게 하는가? 죽음은 삶의 한 형태이며 새로운 시작이다. 죽음을 두려워하지 말고 대신 순간순간 어떻게 살아야 할지를 생각해야 한다. 내일 죽게 된다면 마지막으로 무슨 말을 남길 건가? 후회하는 일은 없는가? 내일은 아닐지라도 언젠가는 반드시 그때가 온다.

가장 큰 기적은 우리가 지금 이렇게 살아 있다는 것이다. 이런 기적 같은 삶을 헛되이 보내면 후회하게 된다. 그래서 지금 순간을 정성을 다해 살아야 한다. 죽음을 어둡고 기분 나쁘게 생각하지 말라. 죽음이 없다면 삶은 무의미해진다. 모든 하루를 최후의 날인 것처럼 살아야 한다. 미루면 후회가 남는다. 그날 할 일은 그날 하면서 마치 내일이면 이 세상에 없을 것처럼 후회 없이 살아야 한다. 자신에게 주어진 한때를 아무렇게나 보내서는 안 된다. 그 한때는 두 번 다시 오지 않는다. 일기일회一期一會다. 모든 생애는 단 한 번뿐이다.

법정 스님의 법문집을 모아놓은 『일기일회』에 나오는 내용이다.

마음 놓침에서 마음 챙김으로

일체유심조__一切唯心造__란 말을 한다. 모든 건 생각하기에 달렸다는 말이다. 근데 실제 그렇게 생각하는가? 그런 경험이 있는가? 혹시 말은 그렇게 하지만 행동은 다르게 하는 건 아닌가? 말은 그렇게 하지만 정신을 놓고 지내는 경우가 많이 있다.

어떤 생각으로 일을 하느냐는 정말 중요하다. 힘든 육체노동을 하는 호텔 청소원을 대상으로 한 실험에서 규칙적으로 운동을 하느냐는 질문을 했다. 당연히 그들은 안 한다고 답했다. 현재 그들이 하는 일을 헬스클럽에서 운동하는 것처럼 생각하라고 부탁하고 다른 것은 일절 주문하지 않았다. 오로지 일에 대한 그들의 생각만 바꾼 것이다. 일정 시간이 지난 후 그들의 몸을 점검했는데 놀랍게도 체중, 허리와 엉덩이 비율, 체질량지수, 혈압 등 모든 게 좋아졌다. 놀라운 일이다. 생각만으로 몸이 바뀐 것이다.

요양원은 알아서 다 해준다. 거주자가 할 일은 거의 없다. 코네티컷의 한 요양원은 거주자가 작은 것을 스스로 선택하게 하는 실험을 했다. 방문객이 올 때 어디서 만날 것인지, 자기 방에서 볼 것인지 아니면 라운지에서 볼 것인지, 영화를 볼 것인지 아닌지, 본다면 어떤 영화를 볼 것인지 스스로 결정하게 했다. 또 화초도 각자의 책임 아래 키우게 했다. 다른 집단은 이전처럼 아무 책임 없이 요양원에서 다 알아서 해줬다. 3주 실험이 끝난 후 더 많은 선택권과 책임을 부여받은 집단이 모든 면에서 큰 차이로 호전됐다. 건강도 좋아지고 입맛도 좋아지고 몸무게도 늘고 이는 사망률 저하로 나타났다. 통제집단은 18개월 동안 44명 중 13명이 사망했는데 실험집단은 47명 중 7명만이 사망했다. 대단한 일이다. 인간은 선택하면서 사는 존재다. 선택하면 마음 챙김의 수준이 올라간다. 근데 누군가 그 선택을 대신하면 나중에는 자신에게 그런 선택권이 있다는 사실조차 잊게 된다. 문제는 가족과 요양원 관계자들이 이런 시도에 상당한 저항감을 보인다는 것이다. 무조건으로 이들을 돕는 것은 선의에서 나온 행동이지만 결국 상대의 자율성을 훼손하는 것이다.

먹고사는 게 힘들 때 사람은 주위를 살피지 못한다. 어떤 문제가 나타났을 때 다른 대안을 생각하지 못하고 자기만의 좁은 세계에 빠져 잘못된 결정을 내린다. 이게 마음 놓침이다. 근데 왜 우리는 마음을 놓치고 사는 것일까? 첫째, 전문가의 함정이다. 몸에 익숙한 일을 할 때 그 절차가 머릿속에서 자취를 감춘다. 너무 익숙해 이 일을 왜 하는지 의식하지 못하면서 일하게 된다. 둘째, 선입견이다. 별생각 없이 형성된 고정관념이 계속 영향을 준다. 노인에 대한 선입견이 그렇다. 노인은 약하고 쓸모없는 존재라는 선입견이 있으면 자신도 모르게 나이가 들면서 그런 사람이 된다. 셋째, 자원이 한정되어 있다는 믿음과 자기 능력에 대해 한계가 있다는 생각이다. 사실 그렇지 않은 경우가 많다. 결과 지향적인 교육도 마음 놓침을 부추긴다.

마음 챙김은 과정 지향적이다. 모든 결과는 과정 다음에 온다. 과정 지향적 사고를 하면 판단이 정확해지고 기분도 좋아진다. 삶에서 정말 중요한 것은 과정이다. 결과는 좋을 수도 있고 그렇지 않을 수도 있다. 결과에 초점을 맞추면 결과가 좋을 때는 신나지만 결과가 나쁘면 그렇지 않다. 근데 과연 매번 결과가 좋을 수는 없다. 마음 놓침에서 마음 챙김으로 가야 한다. 마음 챙김을 하면 새로운 정보에 개방적으로 변한다. 다양한 관점과 개방적 태도를 지니게 된다.

결정적으로 어떤 마음을 갖고 있느냐는 나이 드는 것에도 큰 영향을 미친다. 인간은 노년기에도 성장한다. 나이가 들면서 약해지는 것은 노인에 관한 생각의 틀 때문이다. 75~80세의 노인을 대상으로 나이를 거꾸로 돌리는 실험을 진행했다. 이들이 55세 때의 심적 상태로 돌아가도록 유도하는 실험이다. 리조트를 개조해 20년 전처럼 세트를 꾸미고 복장과 소도구도 당시 것을 가져다 놓았다. 20년 전 사진을 갖고 오게 해서 서로를 찾게 하고 생각은 물론 행동도 말하는 것도 20년 전으로 돌아가도록 주문했다. 첫날에는 일종의 자서전을 간단하게 쓰도록 했다. 20년 전 자신처럼 이야기를 써야 한다. 20년 전 자신처럼 생각하고 말하고 행동하게 한 것이다. 오전에는 토론과 식사 시간을, 오후에는 토론과 식사 시간에 더해 자유시간을 주었다. 그리고 실험 시작 전과 실험 5일째에 체력, 지각, 인지,

미각, 청력, 시력 등을 평가했다. 실험 결과가 어땠을까? 단 5일 만에 이들은 평균 3년 정도 젊어졌다. 시작 무렵과 끝날 무렵 얼굴 사진을 비교했는데 모두 젊게 보였다. 청력도 좋아졌다. 후반으로 갈수록 기억력도 좋아졌다. 심리적 기능도 좋아지고 모두 왕성한 식욕을 보였다. 체중도 1.36킬로그램이 늘었고 악력도 좋아졌다. 이게 마음의 힘이다. 노인이 늙는 것은 우리 마음 안에 들어있는 노인에 관한 생각의 틀 때문일지도 모른다.

일하는 게 힘든가? 일에 관한 생각을 바꾸면 달라질 수 있다. 일이 힘든 게 아니라 일에 관한 생각이 우리를 힘들게 하는 것일 수 있다. 건건이 반대하는 사람 때문에 짜증이 나는가? 그 사람은 여러분과 다른 의견을 갖고 있을 수 있다. 그 사람 덕분에 사전에 문제점을 발견할 수도 있다. 마음 챙김이란 대단한 게 아니다. 새로운 정보에 마음 문을 여는 것이고 다른 시각이 존재할 수 있다고 생각하는 것이다. 때에 따라 맥락을 바꾸는 것이다. 결과보다 과정이 중요하다고 생각하는 것이다.

샤우나 샤피로의 저서 『마음챙김』에 나오는 내용이다.

베풀되 아무 기대를 하지 않기

이런저런 이유로 취직을 많이 시켜주는 편이다. 한 번은 대학 졸업 후 1년 이상 노는 친구를 괜찮은 기업에 취직시켰다. 우연히 그 친구의 관심사와 회사가 일치했기 때문이다. 그리고 잊고 있었다. 그런데 잊을 만하면 그 친구가 내게 문자를 보내거나 이메일을 보내왔다. 내용은 이랬다. "이런 시기에 취직을 시켜줘서 얼마나 고마운지 모르겠습니다. 이 감사한 마음을 어떻게 표현해야 좋을지 모르겠습니다. 식사를 한 번 모시든지 어떻게 하겠습니다." 나는 이렇게 답했다. "괜찮다. 내가 한 일이라곤 소개한 것밖에 없다. 다 자네가 능력이 되니까 된 것 아니겠나? 마음 쓰지 마라. 자네 마음만 받겠다." 하지만 말뿐이었다.

그 뒤에도 그 친구는 자꾸 연락을 해왔다. 내용은 매번 같았다. 감사함을 어떻게 표현할지 모르겠다는 것이다. 은근히 짜증이 났다. 속으로 이런 생각까지 들었다. '이 친구 바보 아니야? 그렇게 부담이 되면 뭔가 간단한 선물이라도 하면 되지 뭘 그렇게 고민해. 맘만 먹으면 얼마나 선물할 게 많아. 요즘은 스마트폰으로 커피도 노래도 보낼 수 있는데.' 하지만 그런 얘기를 어떻게 내 입으로 하겠는가? 알아서 하면 좋고 모르면 할 수 없는 것이다.

  사람들을 많이 만나다 보면 그런 사소한 것이 맘에 걸린다. 불편하긴 한데 차마 얘기할 수 없는 것들이다. 가만히 있자니 내 맘이 불편하고 그렇다고 얘기하기는 정말 어렵고……. 오랫동안 연락이 없던 사람이 상을 당했다는 소식을 전해왔다. 본인도 직접 하고 직원을 통해서도 했다. 내가 전화를 안 받아서 문자도 남기고 음성메시지까지 남겼다. 속으로 조금 황당했다. 내가 바보도 아닌데 문자를 남겼으면 그다음은 내가 알아서 하는 것이지 뭘 이렇게까지 수선을 떠나 하는 생각이 들었다. 갈 만한 사람이기 때문에 직접 문상하고 부조도 적지 않게 했다. 하지만 이후에는 감감무소식이다. 고맙다는 말도, 잘 치렀다는 연락도 없다.

  그러다 1년 만에 다른 장소에서 다른 일로 만났다. 때마침 내게 프로젝트가 왔는데 여건상 하기가 어려워 그 사람에게 얘기했다. 자신이 담당자도 만나보겠다며 호들갑을 떤다. 나는 그 사람의 속성을 알기 때문에 일이 진행되든 그렇지 않든 진행 상황을 얘기해달라고 부탁했다. 하지만 혹시나 했던 일은 역시나 흐지부지됐다. 아무 연락이 없다. 나는 속으로 그 사람과의 인연은 "여기까지겠구나."라고 생각했다. 이런 사람은 일이 있으면 난리를 치다가 그 일이 끝나면 아무 일 없다는 듯 행동하는 사람의 전형이다. 하지만 뚜렷이 폐를 끼친 것은 없어서 정말 얘기하기 곤란하다. 속상한 것을 속으로 삭일 수밖에 없다.

큰 사건은 아니지만 이런 자잘한 것들이 내 마음을 불편하게 한다. 잊고 있으면 되지만 잘 잊히질 않는다. 대부분 내 기대와 달라서 불편하다. 문제의 핵심은 상대에 대한 기대다. 직원들에게 밥을 열심히 사는 편이지만 직원들이 밥 사는 것을 기대하지는 않는다. 그들의 형편을 뻔히 알기 때문이다. 내가 그들에게 기대하는 것은 기쁜 마음으로 밥을 먹고 진심으로 이 시간을 즐기는 것이다. 하지만 어렵게 잡은 저녁 약속 시간에 몇 번 바람을 맞았다. 식사 시간 바로 전에 이러저러한 이유로 올 수 없다는 연락을 해왔다. 직원이 많은 것도 아닌데 그중 한 명이 빠지면 분위기가 썰렁하다. 몇 시간 전에 다른 직원 편으로 사정이 있어 불참한다는 얘기를 듣고 황당했다. 이해하기도 어려웠다. 무슨 일이기에 오래전에 잡은 약속을 당일 몇 시간 전에 일방적으로 취소할 수 있는가? 미리 얘기했으면 약속을 바꿀 것 아닌가? 몇 번 그런 일을 겪자 이런 생각이 들었다. "내가 괜한 짓을 한 거야. 직원들은 고마워하지도 않는데 쓸데없이 저녁 산다고 바쁜 직원들 불러내 직원들을 불편하게 한 거야. 이제 그런 짓 하지 말자. 제발 나이에 맞게 쿨하게 살자."

기대가 크면 실망이 큰 법이다. 그래서 잘 사는 방법은 베풀되 아무 기대를 하지 않고 사는 것이다. 최악은 많은 기대를 하면서 번번이 실망하는 것이다. 누구나 그 사실을 잘 안다. 나도 그렇게 해야 한다고 생각한다. 하지만 기대하지 않는 일은 정말 어렵다. 기대하지 않으려 해도 본능적으로 기대하고 실망한다. 얼마나 더 공을 닦아야 그런 경지가 될지…….

2장

감정의
소용돌이에서
벗어나기

감정의 파도에 대처하기

내가 정의하는 평판은 '그 사람이 없을 때 그 사람에 대해 하는 말'이다. 여러분의 평판은 어떤가? 평판에 자주 등장하는 메뉴 중 하나는 감정 기복이다. 좋을 때는 한없이 좋지만 뭔가 수가 틀리면 말조차 건네기 힘들 정도로 인상을 쓰고 이를 주변에 투사하는 것을 말한다. 아주 부정적인 피드백이다. 나이가 들고 직급이 올라갈수록 평판이 중요한데 내가 생각하는 최악의 평판은 화를 자주 내고 감정 기복이 심하다는 것이다. 근데 왜 화를 내는 것일까? 인간은 감정의 지배를 받기 때문이다. 우리는 이성보다는 감정에 의해 행동하기 때문이다.

감정이란 무엇인가? 감정에는 어떤 효용성이 있을까? 왜 우리는 감정에 따라 기분이 좌우될까? 감정은 영어로 '이모션$_{emotion}$'이다. 'motion'에 무엇을 하게 한다는 의미의 'e'가 붙었다. 행동하게 하는 것이 감정이란 말 아닐까? 인간은 이성에 따라 움직이지 않고 감정에 따라 움직인다. 물론 학문적 근거가 없는 개인적 의견이다. 감정에는 좋고 나쁜 게 없다. 그런 감정이 생기는 건 다 그만한 이유가 있고 나름의 목적이 있다. 감정을 통해 경고하거나 동기를 부여한다. 자신에게 관심을 기울이게 하고 행동을 결정하게 한다. 삶에서 길을 찾도록 도와준다. 감정은 정직하다. 결코 우리를 속이지 않는다. 감정은 지도와 같다. 몇 가지 감정을 보자.

첫째, 두려움이다. 두려움은 어떤 감정일까? 두려움은 다양한 얼굴을 하고 있다. 종종 분노나 증오 같은 다른 감정 뒤에 숨어 있다. 두려움은 고대 독일어인 앙구스트$_{angust}$에서 유래했는데 엄격함, 괴로움, 수축의 의미가 있다. 두려움은 자기 보호를 위한 메커니즘이다. 기분 나쁜 감정이지만 나쁜 감정은 아니다. 공포지수가 높은 사람은 대체로 신중하다. 법과 충돌할 가능성이 작다. 안전운전을 하며 마약 같은 약물에 덜 의존한다. 어떤 자극 때문에 경보 시스템이 울리면 혈압이 오르고 호흡이 빨라지며 근육이 긴장하고 얼굴이 창백해진다. 혼란스러워진다. 공격하거나 방어하기 위해 물러선다. 두려움에 얼어붙기도 한다. 두려운 마음 자체보다 두려움에 대한 두려움을 잘 극복하는 것이 필요하다.

둘째, 사랑이다. 사랑은 어떤 감정일까? 우리가 느끼는 사랑이 진짜일까? 캐필라노 협곡에 두 개의 다리가 있다. 하나는 튼튼하고 흔들리지 않는다. 다른 하나는 길이 140미터, 높이 70미터에 달하는 강철 케이블로 만든 흔들다리다. 아서 아론 교수가 두 다리에서 실험했다. 한 여성이 지나가는 남성에서 자기 번호를 주면서 협조를 요청했는데 안전한 다리를 건넌 남성은 열 명 중 한 명만 여성에게 전화했다. 반면 흔들다리를 건넌 사람은 반 이상이 연락을 했다. 흔들다리를 건넌 남성들은 몸의 흔들림을 사랑의 감정으로 착각했기 때문이다. 사랑의 호르몬 도파민은 절제되지 않는 욕망, 두근거리는 갈망, 황홀감을 선물한다. 스트레스 호르몬인 코르티솔도 만든다. 힘이 불끈 솟고 먹지 않아도 배가 부르다. 며칠 잠을 자지 않아도 끄떡없다. 근데 이런 감정 상태는 오래 유지되지 않는다.

셋째, 지루함이다. 권태 연구소 존 이스트우드는 지루함을 '만족스러운 활동에 대한 충족되지 않는 열망'이라고 재정의한다. 지루함을 느끼는 사람은 일에 집중하기 어렵고 늘 무기력과 피로를 느낀다. 안절부절못하고 짜증을 잘 낸다. 불편한 감정이지만 긍정적 측면이 있다. 지루함은 지금처럼 살지 말고 변화하라는 경고다. 우리를 올바른 길로 인도하려는 신호다. 성취감을 주지 못하는 일 대신 의미를 발견하거나 의미 있는 일을 하라는 신호다.

넷째, 분노다. 분노는 기분 나쁜 흥분이다. 부당하게 대접받거나 조롱당할 때 생기는 감정이다. 분노가 일어나면 뇌는 움직임을 멈춘다. 너무 화가 나면 후회할 일을 한다. 주먹이 나갈 수도 있고 때려 부술 수도 있다. 분노가 끓어오르면 통제 불가능하다. 분노 안에는 종종 수치심, 실패에 대한 두려움, 무력감 같은 다양한 감정이 숨어 있다. 그래서 분노를 잘 분석하고 분노에 맞는 적절한 언어를 찾아야 한다.

난 배가 고프면 화가 난다. 인내심이 사라진다. 배고픔과 감정 사이에는 어떤 관계가 있을까? 배고픔도 감정일까? 배가 고픈 건 자동차 연료가 바닥난 것과 비슷하다. 우리에게 연료를 채우라고 경고한다. 배고픔은 정신에 많은 영향을 미친다. 장과 뇌는 아주 밀접한 관계가 있다. 그래서 우울증에 걸린 사람은 식사하지 않거나 폭식하는 경향이 있다. 어떤 음식을 먹느냐도 감정에 영향을 준다. 그럼 어떻게 해야 할까? 정답은 없지만 확실한 게 하나 있다. 건강하고 다양한 음식을 먹으라는 것이다. 당신이 먹는 것이 바로 당신이다.

무엇이 우리를 행동하게 할까? 이성일까, 아니면 감정일까? 난 감정이 우리 행동을 결정짓는다고 생각한다. 좋은 감정, 나쁜 감정, 도움이 되는 감정, 도움이 되지 않는 감정은 없다. 어떤 감정이 생긴다는 건 다 그만한 이유가 있는 법이다. 그래서 어떤 감정이 생길 때는 이를 잘 관찰하는 것이 필요하다. 그 안에 숨어 있는 이유를 발견해 거기에 대응해야 한다. 이성은 헷갈릴 수 있지만 감정은 결코 우리를 속이지 않는다.

레온 빈트샤이트의 저서 『감정이라는 세계』에 나오는 내용이다.

화를 내지 말고 표현하자

감정 기복이 심한 사람이 있다. 기분이 좋을 때는 더없이 좋은 사람인데 뭔가 뒤틀리면 걷잡을 수가 없다. 리더가 감정 기복이 심하면 조직 전체가 스트레스를 받는다. 언제 시한폭탄이 터질지 몰라 다들 노심초사한다. 이런 건 본인에게는 물론 조직에도 마이너스가 된다. 그런 면에서 감정을 잘 다스리는 것이야말로 리더에게 중요한 자질이란 생각이다.

흔히 건강의 주범은 스트레스란 말을 많이 한다. 흡연보다 스트레스가 더 몸에 안 좋다고 말한다. 근데 과연 그럴까? 그렇지 않다. 진짜 범인은 스트레스가 아니라 스트레스로 생기는 나쁜 감정들이다. 스트레스 자체가 문제가 아니라 스트레스를 어떻게 받아들이고 어떻게 반응하느냐가 중요하다. 가장 흔한 감정은 걱정이다. 여러분은 무슨 걱정을 하고 있는가? 걱정할 때 이 문제를 어떻게 다루는가? 걱정이 심해지면 불안하고 불안이 심해지면 공황장애로 발전한다. 너무 불안해서 죽을 듯한 기분이 드는 것이다. 사실 걱정은 마음의 위험을 알리는 신호다. 걱정 그 자체는 문제가 될 게 없다. 오히려 아무 걱정이 없는 게 더 걱정일 수 있다.

사실 걱정 덕분에 인류는 지금까지 생존할 수 있었다. 걱정 자체보다 어떻게 받아들이고 행동할 것인지를 생각해야 한다. 거기에 따라 결과가 크게 달라진다. 걱정은 긴장으로 이어지는데 긴장은 시야를 좁게 만들고 두뇌 회전을 느리게 해 모든 게 멈춰버린다. 오래 지속되면 자율신경이 불균형해져 병이 생긴다. 기분 좋은 긴장은 설렘과 기대감이 함께 나타나 용기를 준다. 긴장되지만 열심히 극복하면 보람을 느낄 수 있다.

다음은 화에 대한 것이다. 화는 어디서 올까? 화는 관계에서 온다. 화에는 늘 대상이 존재하기 때문에 관계가 없으면 화도 없다. 화를 만드는 건 주로 사람이다. 자신일 수도 있다. 자신에게 화가 나면 스스로 책망하고 우울해진다. 화를 내기로 결심하는 건 자신이다. 화를 내서 문제가 해결되고 좋은 방향으로 발전한다면 화를 내야 한다. 그러나 대부분 화는 관계를 악화시키고 문제해결을 어렵게 만든다. 언제 화가 나는가? 사람마다 화나는 포인트가 있다. 술주정할 때, 술을 더 먹으라고 강요할 때 화가 나는 사람이 있다. 잠을 깨울 때, 머리에 손을 댈 때, 배가 고플 때 화를 내는 사람도 있다. 이를 미리 파악하고 상대에게 알려주면 도움이 된다. 화에는 두 종류가 있다. 화를 내는 것과 화를 표현하는 것이 그것이다. 둘은 비슷해 보이지만 다르다. 화를 내는 것보다 화를 표현하는 것이 좋다. 화를 표현하기 위해서는 자기감정을 인지하고 그 감정을 말로 표현해야 한다. 당신의 그런 행동 때문에 지금 화가 나고 있다는 걸 상대에게 알려야 한다.

우울감도 중요한 감정이다. 일단 다음 사항 중 자신에게 해당하는 것이 몇 가지인지 세보자. "거의 하루 종일 우울한 기분이 든다. 거의 모든 활동에서 흥미나 쾌감이 현저히 떨어진다. 체중이나 식욕이 많이 줄거나 늘었다. 잠을 잘 자지 못하거나 너무 많이 잔다. 안절부절 못하거나 기력이 떨어진다. 피로하거나 에너지가 상실되는 느낌이다. 스스로 쓸모없다는 생각과 과도한 죄책감이 든다. 사고력과 집중력이 떨어지고 우유부단하게 행동한다. 자살을 생각하거나 시도하거나 구체적인 계획을 세운다." 위 사항 중 5가지 이상이 2주 이상 지속된다면 우울증을 의심해야 한다. 우울증의 원인 중 하나는 좌절감이다. 무기력의 학습이다. 스스로 통제할 수 없는 고통이 무기력을 불러일으킨다. 이럴 때는 혼자 방구석에 있는 것보다 사람을 만나 수다를 떠는 게 좋다. 햇볕을 쐬면서 걷는 것이 도움이 된다. 감정의 많은 부분은 습관이다. 생각하는 습관을 바꿔보는 것이 좋다.

스트레스 그 자체는 문제가 아니다. 스트레스 상황을 어떻게 바라보고 해석하느냐가 중요하다. 이를 위해서는 상황 그 자체를 인정할 수 있어야 한다. 현재 상태를 있는 그대로 받아들이는 것이다. 긍정은 인정이고 낙관은 그다음이다. 만일 그 무엇을 인정하지 않은 채 낙관만 한다면 환상 속에서 사는 셈이다. 낙관도 현실적 낙관과 맹목적 낙관으로 구분할 수 있다. 술을 마시고 운전하는 사람은 술은 마셨지만 조심해서 운전하면 아무 일 없으리라 생각한다. 이게 바로 맹목적 낙관이다. 위험하다. 될 수 있는 한 피해야 한다. 맹목적 낙관보다는 현실을 인정한 바탕 위에서 현실적 낙관이 필요하다. 이를 위해서는 '안 좋은 일 되새김질'을 멈춰야 한다. 무엇보다 내게 생긴 안 좋은 사건을 다르게 해석하는 생각 습관을 들여야 한다.

일에 관한 생각도 중요하다. 하는 일은 같아도 그 일을 왜 하고 있는지에 대한 답변은 사람마다 다르다. 일의 의미를 찾을 수 있다면 일에서 받는 스트레스를 도전으로 바꿀 수 있다. 다른 사람에게 인정받고 사랑받고 싶은 마음과 함께 다른 사람을 이롭게 해주고 싶은 마음을 갖는 것도 방법이다. 이타심과 일의 의미가 만나면 일에서 오는 스트레스가 사라진다. 자기가 하는 일이 자신의 성장과 발전에 도움이 될 뿐만 아니라 다른 사람에게도 도움이 된다고 생각하면 일에 대한 감정은 완전히 달라진다.

감정을 다스리는 데는 3단계가 있다. 첫째, 자신의 감정을 살피고 알아차리는 것이다. 내가 지금 어떤 감정인지 살펴보는 것이다. 여기에 이름을 붙이면 감정의 주인이 된다. 둘째, 알아차린 감정을 건강하게 표현하는 것이다. 말이나 글로 표현하는 것이다. 셋째, 자신에게 이런 감정이 생기는 이유를 스스로 물어보는 것이다. 감정을 다스리기 위해서는 자신의 마음을 들여다볼 수 있어야 하는데 그게 메타인지다. 명상이 효과적이다.

이동환의 저서 『나의 슬기로운 감정생활』에 나오는 내용이다.

분노의 화염에서 빠져 나오기

워싱턴의 솔 와틀러는 성공한 법원 판사다. 주지사로 거론되었고 부통령 후보까지 올랐던 유명 인사다. 근데 모든 게 하루아침에 무너졌다. 그와 관계를 맺었던 사교계의 유명 인사 조이 실버맨을 괴롭힌 혐의로 체포되었기 때문이다. 그녀가 이별을 통보하자 이를 받아들일 수 없었던 와틀러는 익명으로 전화와 편지를 보내 그녀를 협박했다. 겁이 난 여자는 와틀러에게 이 사건을 의논했다. 와틀러는 익명의 미친 남자로부터 그녀를 구하는 용감한 기사를 자처했다가 결국 들통이 난 것이다.

우주비행사 리사 마리 노워크는 2007년 2월 5일 첫 우주비행을 마치고 돌아온 지 7개월 뒤 플로리다 올랜도에서 새벽 4시 동료 우주비행사의 살인미수 혐의로 체포된다. 내용은 이렇다. 기혼자인 노워크는 윌리엄 오펠라인과 2년을 사귀었는데 어느 날 오펠라인이 그녀에게 이별을 통보한다. 그에게 새 연인이 생겼기 때문이다. 콜린 시프먼 대위였다. 분노한 노워크는 경쟁자 시프먼을 만나기 위해 텍사스 휴스턴에서 플로리다 올랜도까지 950마일을 잠시도 쉬지 않고 내달렸다. 금발 머리를 감추기 위해 검은 가발로 변장하고 망치, 칼, 후추 스프레이, 고무장갑, 압축 공기총까지 준비했다. 이동 시간을 단축하기 위해 기저귀까지 착용하고 달렸다. 기름 넣을 때를 빼고는 한 번도 쉬지 않고 단숨에 달려와 범죄를 저질렀다. 영화에나 나올 법한 얘기들이다. 두 사건 모두 이별에 따른 분노의 감정을 조절하지 못해 일어난 사건이다.

메릴리 존스는 30년 동안 MIT 입학사정관으로 일했다. 유능했고 그런 만큼 누구나 인정하는 입학처장 후보 1순위였다. 근데 올버니대학교 의대에서 학위를 받았다고 거짓말한 것이 들통나면서 모든 걸 잃었다. 그녀의 사임 성명이다. "저는 28년 전 MIT에 처음 지원했을 때 학위를 허위로 기재했습니다. 현 직책에 지원했을 때 이력서를 고칠 용기가 없었습니다. 저를 지지한 모든 사람에게 실망을 안겨준 데 대해 깊이 사죄드립니다." 그녀는 오랫동안 성공적으로 일했고 사건이 있기 1년 전에 책까지 펴냈다. 『스트레스는 적게, 성공은 크게』란 책이다. 이 책에서 그녀는 "진실을 말하는 건강한 어른이 되어야 한다. 아이들이 항상 당신을 지켜본다는 사실을 잊지 말라. 정직하게 살지 않으면 항상 발각되지 않을까 하는 두려움 때문에 일상에서 고통을 겪게 될 것이다."라고 주장한다. 자기 학력을 속인 사람이 정직에 대해 그런 얘기를 할 수 있다는 사실이 놀랍다. 사실 그녀가 유명해지지 않았다면 아무 일 없었을 것이다. 유명 인사가 되고 쓴 책이 베스트셀러가 되면서 벌어진 사건이다. 높이 올라간다는 건 위험도 커진다는 걸 의미한다.

사소한 거짓말도 위험하다. 마운트홀리오크대학교 조지프 엘리 교수는 학계에서 유명한 인물이다. 1997년 내셔널 북 어워드를 받았고 2001년에는 퓰리처상까지 받았다. 그는 수업 시간에 자신의 베트남전쟁 무용담을 자주 얘기했다. 문제는 그가 전쟁영웅이 아니란 것이다. 군 경력은 웨스트포인트에서 3년간 가르친 게 전부다. 근데 상당히 구체적으로 거짓말을 지어냈다. 베트남 사령관 웨스트모어랜드 장군의 보좌관으로 일했고 101 공수부대에서 낙하산을 탔다는 식이다. 제한된 청중에게 얘기할 때는 별문제가 되지 않았다. 하지만 그 얘기를 『보스턴글로브』에서 거듭하다 문제가 되었다. 나중에는 고교 시절 마지막 미식축구 게임에서 승리의 터치다운을 했다는 거짓말까지 했다. 그런 결과 많은 걸 잃게 된다. 왜 그랬을까? 그는 더 이상 자신의 이력을 뽐낼 필요도 없는 사람이다. 이미 검증된 사람이다. 이런 허풍, 과장, 가식은 대부분 인정에 대한 강한 욕구에서 온다. 인정은 마약 같은 면이 있는 것 같다.

근데 누군가를 비난하기에 앞서 난 그럴 개연성이 없을까를 생각해야 한다. 누구나 범죄를 저지를 잠재성이 있다. 한가한 거리에서 현금 수송 트럭이 충돌하면서 현금이 사방으로 날렸다고 하자. 우연히 길을 가던 당신이 현금 중 일부를 줍는다. 본 사람은 없다. 두 달이 지난 뒤 그 돈을 쓰다 걸린다. 지폐에 찍힌 일련번호 때문이다. 누구에게나 얼마든지 일어날 수 있는 일이다. 아직 범인이 아닌 것은 그런 기회가 없었기 때문일 수 있다.

성공한 것처럼 보이는 사람 중 조만간 무너질 사람을 파악하는 방법이 있다. 걸핏하면 "당신 내가 누군지 알아?"라며 자신의 정체성을 남에게 묻는 사람이다. 자신이 누군지를 왜 상대에게 묻는 것일까? 이들은 자신의 성공을 만인이 알아주길 기대한다. 늘 대접을 받다 자신을 몰라주면 화가 치미는 것이다. 쉽게 화를 내는 것은 그만큼 교만하다는 증거다. 교만은 패망의 선봉인 셈이다. 항룡유회亢龍有悔란 말이 있다. 하늘 끝까지 올라간 용은 후회하게 된다는 말이다. 그래서 높이 올라갈수록 조심하고 겸손해야 한다. 사실 성공하는 것보다 성공을 유지하는 것이 힘들다.

윌리엄 헬름라이히의 저서 『분노의 심리학』에 나오는 내용이다.

불안을 현명하게 관리하기

어린아이가 엄마와 떨어지는 데 불안을 느끼지 않고 울지 않는다면 그것은 엄마에 대한 애착이 없기 때문이다. 마찬가지로 삶에서 불안을 느끼지 않는다면 삶에 대한 애착이 없기 때문이다. 애착이 있기에 불안을 느끼고 잘하고 싶기에 불안을 느낀다. 그래서 불안은 삶의 자연스러운 감정이다. 이에 대해 신경정신과 하지현 교수는 "불안이란 없애야 하는 존재가 아니라 관리해야 하는 대상"이라고 말한다.

아들이랑 영어학원 단계 테스트를 보러 가는 길이었다. 아들이 "불안하다."라고 말했다. 습관적으로 "불안해 하지 마. 편하게 해."라고 말하려다가 "왜 불안하니?"라고 물어보았다. 아들은 "거기 얼마 전에 재희가 떨어진 학원이라면서? 재희가 거기 단계 테스트 엄청 어렵다고 했어. 나도 떨어질 것 같아 두려워."라고 말했다. 웃음이 나왔다. 영어 레벨이 조금 낮은 여동생이 오빠에게 자기 기준에서 학원 단계 테스트 경험을 얘기해준 게 귀여웠고 동생 레벨을 인지하지 못하고 동생 얘기를 프레임으로 그 학원을 평가했다는 게 재미있었다. 그리고 시험을 잘 보고 싶은 아들 마음이 기특했다. 그래서 "우와! 불안하다니 시험을 잘 보고 싶나 봐. 아직 경험하지 못한 학원의 단계 테스트니 당연히 불안하겠다. 그런데 재희랑 너는 상황이 다르니 평가도 다를 거야. 그리고 앞으로 살면서 이런 불안은 계속될 거야. 불안한 마음은 잘하고 싶다는 마음이 있으면 같이 따라붙는 감정이니까 당연하다 생각해. 단지 네가 불안의 정도를 자꾸 조절하면 되는 거지." 아들은 "그런가. 내가 시험을 잘 보고 싶은 건가. 하긴 떨어지면 기분이 나쁘잖아. 학원에 다니고 싶지는 않아도 떨어지는 건 싫어."라고 말했다.

많은 시간을 불안과 싸웠다. 나는 불안하면 화장실을 자주 간다. 한때는 그런 내가 너무 싫었다. 특히 고등학교 시험 기간이면 시험 직전에 화장실을 가는 횟수가 극에 달했다. 대학 수능시험을 보는 날에는 요실금 기저귀를 차고 가기도 했다. 어느새 시험을 잘 보고 싶어서 불안한 것이 아니라 화장실을 자주 갈 듯해 불안해지는 불안의 늪에 빠졌다. 그 불안을 넘기 위해 공부를 더 열심히 하면 되는데 물을 마시지 않는 등 불안을 없애려는 방법에 에너지를 썼다. 남편은 한번 일을 잡으면 끝장을 봐야 하는 성격이라 일을 시작하면 며칠씩 밤을 새운다. 며칠 밤을 새우는 동안 입고 있던 티셔츠의 목 부분을 잡아당겨 잘근잘근 깨물어 구멍을 내버린다. 결혼 초 그런 남편을 닦달했다. 성격이 이상하고 괴팍하다고 욕을 해댔다. 똥 묻은 개가 겨 묻은 개 나무라는 식으로 불안하면 화장실을 자주 가는 내가 옷을 뜯어먹는 남편을 욕했다. 남편도 나와 다른 방식의 불안 언어가 있다는 것을 이해한 요즘은 남편이 바쁜 시기가 되면 버려도 되는 옷을 입고 가도록 한다.

『불안해도 괜찮아』를 쓴 최주연 정신과 전문의는 "불안은 불편하지만 필요한 감정이고 고마운 정서입니다. 억누르거나 없애야 하는 정서가 아닙니다."라고 말한다. 오늘 하루 나는 얼마나 웃고 울고 기뻐하고 재잘거리고 소리 지르고 짜증 내고 불안을 느끼고 또 안도감을 느꼈나? 애착의 징표가 되는 불안, 그 불안함과 함께 오늘도 하루를 보냈다.

'글사세'의 김민희 님(가명)이 쓴 글이다.

남의 말 아닌 자기 말에 귀기울이기

　자신감이 넘치는 편인가? 아니면 늘 자신을 미덥지 않게 생각하는가? 직원들은 어떤가? 자신 있게 결정하고 자기 의견을 얘기하는가? 아니면 결정하는 것을 미루고 결정해주기를 기다리는가? 삶에 있어 자신감은 중요한 덕목이다. 그런데 자신감이란 무엇일까? 자신감自信感은 글자 그대로 자기를 믿는 것이다. 모든 일의 시작이다. 세상 모든 일은 자기를 믿는 데서 출발한다. 자기를 믿지 못하면 한 걸음도 앞으로 나갈 수 없다. 자기를 믿어야 남을 믿을 수 있고 발전할 수 있다. 근데 그런 자신감은 어디서 올까? 처음 두발자전거를 배울 때를 떠올려보라. 아버지가 뒤에서 도와주다가 슬쩍 손을 뗀다. 아이는 그 사실을 모르고 열심히 페달을 밟다 어느 순간 그 사실을 인지한다. 처음으로 혼자 자전거를 타게 됐고 자신감이 생기는 순간이다. 이때 자신감의 원동력은 세 가지다. 첫째, 아버지에 대한 믿음. 둘째, 자전거를 타는 실력에 믿음. 셋째, 자전거에 속도가 붙기 시작했을 때의 기쁨.

자신감은 어떻게 만들어질까? 자신감은 저절로 만들어지지 않는다. 누군가의 도움이 필요하다. 가장 중요한 건 먼저 믿어주는 것이다. 마돈나는 불우한 환경에서 자란 소심한 아이였다. 다섯 살에 엄마가 죽고 아버지는 새엄마와 가정을 꾸렸다. 어릴 적부터 피아노와 발레를 배웠지만 천재적이진 않았다. 가톨릭 학교에 다니던 열네 살에 무용 교사 크리스토퍼 플린을 만났다. 플린은 연말 발레공연을 준비하는 마돈나에게 이런 말을 했다. "넌 아름답고 뛰어난 재능이 있어. 게다가 폭발적인 카리스마를 갖고 있어." 이 말이 그녀의 인생을 바꾼다. 마돈나는 그전까지 자신감이란 걸 가져본 적이 없었다.

프랑스 테니스 선수 야니크 노아도 비슷하다. 그는 열한 살이 되던 해 당시 세계 4위 테니스 선수 아서 애시를 우연히 만나 그와 몇 차례 공을 주고받게 된다. 애시는 어린 노아의 실력에 깜짝 놀라 자신이 쓰던 라켓을 선물했고 노아가 그에게 사인을 부탁했다. 애시는 라켓에 "윔블던에서 만나자."라는 메시지를 적었다. 몇 년 뒤 노아는 프랑스 오픈에서 우승하고 다시 애시를 만났다. 교육기관 몬테소리의 철학은 아이를 최대한 믿고 아이가 혼자 할 수 있는 일은 절대 돕지 말라는 것이다. 남이 나를 믿어주면 자신감이 생기고 거꾸로 내가 그를 믿어주면 그 역시 자신감이 생긴다.

자신감은 실력에서 나온다. 유능해야 자신감이 생긴다. 골프장에서는 골프를 잘 쳐야 자신감이 생기고 회사에서는 일을 잘해야 자신감이 생긴다. 자신감은 유능함이고 이를 위해서는 탄탄한 실력이 중요하다. 탄탄한 실력이 필수다. 자매 테니스 선수 세리나 윌리엄스와 비너스 윌리엄스는 메이저 대회에서 단식 30회 우승, 복식 14회 우승을 기록했고 올림픽 단·복식에선 4회 금메달을 목에 걸었다. 둘은 단·복식 순위에서 각각 세계 1위에 오르기도 했다. 그야말로 전무후무한 기록이다. 극한 훈련을 반복하고 이것이 최고의 성과로 이어지면서 자신감이 생기는 것이다. 자신감은 실력에 비례한다. 실력이 있어야 자신감이 만들어진다. 이때의 자신감은 자만, 오만, 교만과는 다르다. 자기 능력에 대한 확신이다. 자신감이 떨어지는가? 충분히 연습하지 않았을 가능성이 높다.

자신감은 자기 신뢰다. 랠프 월도 에머슨은 1841년에『자기 신뢰』라는 책을 썼는데 대충 이런 내용이다. "세상에 속한 채 세상 견해를 따르며 살기는 쉽다. 홀로 고립되어 자기 생각만을 따르며 살기 역시 쉽다. 하지만 군중 틈에서 온전하게 고독과 고립을 유지하며 사는 건 쉽지 않다. 그런 사람은 위대하다. 이를 위해서는 나만의 리추얼이 필요하다. 리추얼은 하루를 다르게 만들고 시간을 특별하게 만든다. 자기 신뢰는 자기에게 주어진 자유를 믿는 것이다. 자유는 제약이 없는 것이 아니다. 제약이 없는 것과 자유는 아무 상관이 없다. 우리가 온전한 자신일 때 비로소 자유롭다. 자기 소리를 온전하게 들을 때 비로소 자유로워진다." 한마디로 남이 하는 말보다 자기가 하는 말을 잘 들어야 한다는 것이다. 여러분은 자기 말을 잘 듣고 있는가?

이를 위해서는 선택하기보다 결정해야 한다. 선택과 결정은 다르다. 선택은 논리적 검토를 통해 불확실성을 최대한 줄이는 것이다.

자기 신뢰 같은 건 불필요하다. 결정은 다르다. 선택 기준이 모호해 알아서 판단할 수밖에 없다. 선택은 쉽다. 합리성을 따르기만 하면 된다. 결정은 어렵다. 불확실하고 앞이 잘 보이지 않기 때문이다. 불확실한 것을 확실하게 바꿀 수는 없다. 하지만 불확실성을 받아들일 수는 있고 그럼 결정할 수 있다. 자신감을 위해서는 불확실성을 받아들여야 한다. 그래도 결정하는 훈련을 하자. 처음에는 사소한 것부터 결정하는 훈련을 해야 한다. 결정하는 시간을 줄이는 것도 필요하다. 더 많이 결정할수록 자신감은 커진다. 자신감은 일단 시작하는 것이다. 미루는 대신 일단 시작하고 행동하는 것이다. 행동하면서 관찰하고 생각해보는 것이다. 생각이 모든 불안을 없애지 못할 때 행동이 이를 보완한다. 세상일이란 해보기 전엔 아무도 알 수 없는 법이다. 몇 년째 고민만 하고 있다고? 고민만 하는 대신 뭐라도 해봐야 한다.

　자신감은 부정적 화살의 공격에서 당신을 보호하는 방패막이다. 자신감이 없는 자리에는 두려움과 불안이 자리를 잡는다. 두려움은 의심을 낳고 의심은 자신감을 손상한다. 걱정과 두려움에 떨며 살면 에너지가 많이 든다. 늘 불안한 마음으로 사는 사람은 에너지를 축적할 수 없다. 당신이 원하는 모든 건 두려움이라는 감정 너머에 있다. 원하는 것을 얻기 위해서는 두려움을 극복해야 한다. 달라이 라마는 말한다. "나 자신이 먼저입니다. 나를 받아들인 다음 다른 사람을 받아들일 수 있습니다. 어떤 면에서 차원 높은 동정심은 이기심의 발전 결과입니다. 자기혐오가 강한 사람은 다른 사람을 진정으로 동정하기 어렵습니다. 동정심이 뿌리내릴 수 있는 터전이 없기 때문입니다."

가끔 골프를 치는데 얼마 전에 비 소식이 있었다. 라운딩할지 말지 고민하다가 일단 가기로 했다. 골프장에 갔다. 하늘은 흐렸지만 비는 오지 않아 일단 시작했는데 거의 비를 맞지 않고 쳤다. 그때 친구들끼리 한 말이 있다. "비가 와도 일단은 와봐야 한다." 세상일도 그렇지 않을까? 해보기 전엔 그 일이 어떻게 될지 아무도 모른다.

결정적 순간에 흔들리지 않기

결정적 순간에 무너지는 사람이 있다. 평소 수석을 놓치지 않던 학생이 본고사를 망친다. 연습게임에서 완벽하던 선수가 올림픽에서 무너진다. 프로골퍼가 100만 달러가 걸린 30센티미터짜리 퍼팅을 놓친다. 모두 상황이 주는 압박감을 견디지 못했기 때문이다. 반면 어떤 사람은 압박감을 즐기고 스트레스가 최고조에 달할 때 능력을 충분히 발휘한다. 주자가 없을 때는 그저 그렇지만 주자가 있을 때는 꼭 불러들이는 타자가 그런 선수다. 기업경영을 하다 보면 늘 그런 순간이 온다. 그럴 때 침착하게 극복하는 담대함이 필요하다. 그게 클러치다. 클러치는 두려움이나 통증을 꽉 움켜쥔다는 뜻이다. 결정적 순간에 흔들리지 않는 사람을 클러치맨이라고 한다.

에이로드라는 애칭으로 불리는 양키스의 스타 알렉스 로드리게스는 큰 경기에 약한 선수로 유명하다. 그래서 별명도 '4월의 사나이'다. 별로 중요하지 않은 초반에만 펄펄 난다는 뜻이다. 전체 성적은 좋을지라도 2루와 3루에 주자가 있을 때는 아무것도 하지 못한다. 반면 투수 데이비드 프라이스는 전형적인 클러치 선수다. 2008년 만루 상황에서 등판해 타자를 스트라이크 아웃으로 잡아 역전하며 월드시리즈에 진출했다. 그는 훈련 때와 똑같이 공을 던졌다. 반면 로드리게스는 결정적 순간에 스트라이크 아웃을 당하고 병살타를 쳐 힘없는 내야플라이로 팀에 실망을 안겼다.

근데 클러치맨은 어떻게 하면 될 수 있을까?

첫째, 포커싱이다. 사람들이 결정적 순간에 무너지는 것은 압박감을 견디지 못하기 때문이다. AIG와 SICO 간 42억 달러가 걸린 대형 소송에서 변호할 때도 42억 달러가 아니라 10만 달러짜리라고 생각해야 한다. 어차피 기본 원칙은 같기 때문이다. 퍼팅 하나에 1억 달러가 걸렸다고 생각하면 실수하기 쉽다. 그저 친구와 1달러짜리 내기라고 생각해야 마음이 편하다. 중요한 것은 지금 바로 하는 일에 집중하는 것이다. 다른 것은 일절 생각하지 않는 것이다.

거인 마이크로소프트를 상대로 한 독과점 소송에서 변호사 데이비드 보이스는 법무부를 대신해 이 재판을 승리로 이끌었다. 엄청난 압박감을 잘 견딘 그는 클러치 선수다. 핵심은 집중이다. 본질에만 집중하고 나머지는 다 잊는 것이다. 그의 말이다. "재판이 시작되면 거기에만 몰입합니다. 단절된 저만의 공간에 머뭅니다. 우리 팀 변호사 등 관련자 외에는 아무도 만나지 않습니다. 날 선 감각을 잃고 싶지 않기 때문입니다. 저는 재판의 흐름과 분위기에도 신경을 쓰지 않습니다. 대신 실질적인 것에 집중합니다. 내 변론이 효과를 발휘하는지, 발언 내용이 사실인지, 상대 변호사의 철저한 반대 심문을 버틸 수 있는지에 집중합니다. 내가 정말 신경 써야 할 것은 다음 단계, 다음에 부를 증인, 다음에 내세울 변론뿐입니다. 법정에서는 뚜렷한 목적을 갖고 거기에 초점을 맞추기 때문에 다른 건 전혀 생각할 틈이 없습니다."

둘째, 자제력이다. 주식 투자에 실패하는 가장 큰 원인은 과도한 욕심이다. 조금 더 오르리라고 생각하고 기다리다 망한다. 지금 떨어지고 있지만 더 이상 떨어지지 않으리라고 생각하다 밑바닥을 본다. 그래서 "무릎에 사서 어깨에서 팔아라."라는 격언이 나왔다. 하지만 이 격언을 실천하는 사람은 거의 없다. 클러치 상황을 극복하기 위해서도 자제력이 필요하다. 욕심을 버려야 한다. 이를 위해서는 커다란 목표를 잘게 쪼개야 한다. 1년에 40%의 수익을 목표로 삼기보다는 한 번 거래로 5%의 수익을 노리는 것이 낫다. 과감히 멈출 수 있는 용기도 필요하다. 15% 수익을 목표로 하면 시간이 얼마나 걸리든 15% 수익이 발생하면 그 즉시 증권을 매각해야 한다. 손절매 규칙도 고수해야 한다. 일정 이상 손실이 발생하면 미련 없이 무조건 매각하고 빠져나와야 한다. 이런 자제력은 좋은 트레이더의 중요 요소다.

셋째, 적응력이다. 하수는 모든 게 계획대로 진행되리라고 가정하고 일을 한다. 고수는 늘 변수를 계산하고 이에 맞춰 준비한다. 세상에는 수많은 변수가 있다. 전쟁이 그렇다. 계획을 세워 전투를 치르지만 의외의 일이 많이 발생한다. 대통령 경호가 그렇다. 경호를 위해서는 치밀한 계획이 필요하다. 계획을 수립하고 모든 가능한 시나

리오에 대처하는 훈련을 받는다. 때로는 계획에 대한 집착을 버려야 한다. 그래야 목표를 달성할 수 있다. "계획을 위해 싸우지 말고 싸움을 위해 싸우라. 어느 순간에는 계획을 쓰레기통에 버려야 한다. 그것도 기술이다. 의도에 초점을 맞추어야 한다. 결과 지향적으로 생각해야 한다." 미국 육군사관학교 교관의 말이다. 온상에서 자란 화초는 조금만 바람이 불면 생존하지 못한다. 예상하지 못한 일이 벌어지면 당황한다. 무거운 압력을 참지 못하고 무너지는 사람은 예정된 일에 지나치게 의존하는 경향이 있다. 하지만 세상일은 계획대로 되지 않는다. 늘 장애물이 나타나고 의외의 변수가 등장한다.

클러치맨이 되기 위해서는 과도한 기대를 조심해야 한다. 온 국민의 성원과 관심을 한 몸에 받았던 스포츠 스타가 올림픽 예선조차 통과하지 못하는 일이 왕왕 있다. 과도한 기대에 부담을 느꼈기 때문이다. 자기 과신도 조심해야 한다. 자신감은 필요하지만 자기 과신은 위험하다. 자기 과신은 연습하지 않아도 잘할 수 있을 것이란 오만이다. 자신감은 자신을 믿고 준비하되 약간의 겸손함을 유지하는 것이다.

평소에만 잘하는 것은 실력이 아니다. 평소 실력을 결정적 순간에 발휘할 수 있어야 진정한 실력이다. 이를 위한 왕도는 평소 성실하게 준비하고 자꾸 깨져보고 여러 경우의 수에 대비하는 것이다. 집중하고 몰입하는 것이다. 쓸데없는 곳에 에너지를 쓰지 않는 것이다. 평상심을 유지하는 것이다. 마음의 평화를 지키는 것이다.

폴 설리번의 저서 『클러치』에 나오는 내용이다.

3장

단순함 속에 머무는 연습하기

자기만의 시간을 갖기

혼자만의 시간을 확보하고 있는가? 있다면 일주일에 몇 시간을 혼자 보내는가? 혹시 아침부터 자는 시간까지 계속 사람들 속에 파묻혀 있지는 않은가? 최근에 혼자 식사를 한 적이 있는가, 아니면 혼자 밥을 먹을 바엔 차라리 굶겠다고 생각하는 건 아닌가? 만일 혼자 있다면 그 시간에 주로 무얼 하는가?

대학 교수가 학생을 가르치며 흥미로운 사실을 발견했다. 혼자 수업받는 학생이 친구들과 함께 몰려다니는 학생에 비해 학습 에너지와 몰입도가 높다는 것이다. 사람은 사회적 동물이다. 사람들 사이에서 존재할 수밖에 없다. 하지만 그럴수록 자기만의 시간이 필요하다. 사람은 혼자 있을 때 성장하기 때문이다. 뭔가를 배우거나 공부하기 위해서는 우선 혼자 있는 시간을 확보해야 한다. 관계에서 벗어나 홀로서기를 해야 한다. 책을 읽을 때도 그렇고 뭔가를 생각할 때도 그렇다. 사람 사이에 있으면서 책을 읽고 사색할 수 없다.

혼자가 된다는 건 쉬운 일이 아니다. 필요성을 느끼고 의지가 있어야 한다. 혼자 있는 걸 못 견뎌 하는 사람이 있다. 시간만 나면 어딘가 전화하고 자꾸 약속을 만들고 모여야 안심하는 사람이 많다. 어떤 그룹이든 속하려고 애를 쓰면서 자꾸 모임을 만든다. 여기저기 쫓아다니다 보면 정신이 하나도 없다. 그런 습관이 몸에 배면 혼자 있을 때 마음이 불안해져 혼자 있는 상황을 피하려 한다. 과연 그게 바람직할까?

괄목상대刮目相對란 말을 아는가? 볼 때마다 상대의 발전된 모습에 놀라 눈을 비비고 다시 보게 된다는 말이다. 최근 여러분을 괄목상대하게 한 사람이 있는가? 여러분을 보고 다른 사람이 괄목상대란 말을 연상할까? 대부분 그렇지 않을 것이다. 대부분 사람은 별로 달라지지 않는다. 매일 봐도 거기서 거기다. 몸도 그렇고 말하는 것도, 행동하는 것도 그렇다. 괄목상대할 만한 사람이 되기 위해서는 혼자 있을 수 있어야 한다. 자신을 차분히 돌아볼 수 있어야 한다. 이럴 때 거울은 효과적인 도구다. 여러분의 눈을 차분히 보면서 과연 지금의 삶이 여러분이 원하는 삶인지 생각해보라. 하고 싶은 일을 찾아 새롭게 도전하고 지금 하는 일에는 새로운 의미를 부여해보라. 이 모든 게 혼자 있어야 가능한 일이다.

괄목상대할 사람이 되기 위해서는 교양을 쌓아야 하는데 독서가 가장 결정적 역할을 한다. 계속해서 독서하는 사람과 하지 않는 사람은 세월이 흐른 후 큰 차이가 난다. 일기를 쓰는 것도 방법이다. 사람의 생각은 여기저기를 날아다니고 정리되지 않는다. 그럴 때 일기를 쓰면 생각이 정리되어 명확한 가치관을 세울 수 있다. 반복적으로 무언가를 쓰면서 생각을 정리하는 게 중요하다. 일기에는 그런 힘이 있다. 쓰기는 고독의 힘을 키우는 방법의 하나다. 고독하지 않으면 글을 쓸 수 없다.

자기력이 중요하다. 자기력自期力이란 자기에게 기대하는 힘을 말한다. 우리는 자신에 대해 높은 기대를 품고 늘 자신을 격려하고 위로할 수 있어야 한다. 자기력은 재능과는 무관하다. 재능이 좀 부족해도 자기력이 높으면 그게 성장의 동력이 되어 성공 가능성이 높다. 젊은 시절 고독을 버티게 해줄 힘은 자기에 대한 기대밖에 없다. 나는 자기력이란 말을 학창 시절 내내 가슴에 새겼다. 자기력을 유지하게 하는 힘이 젊음이다. 어제의 나보다 나은 사람이 되고 싶다는 열망이다. 과거의 나와 단절하고 완전히 새로운 사람으로 거듭나고 싶은 욕구가 강한 것이다. 삼단로켓처럼 과거의 나를 분리하면서 아득히 높은 곳으로 가고 싶어 하는 것이다.

사람들은 변화하지 못하는 가장 큰 이유로 시간 부족을 든다. 운동을 못하는 것도, 책을 읽지 못하는 것도, 글을 쓰지 못하는 것도 다 시간이 없기 때문이라고 말한다. 그렇다면 과연 언제쯤 시간을 낼 수 있을까? 아마 영원히 시간은 나지 않을 것이다. 시간을 낼 수 있는 유일한 방법은 의도적으로 혼자만의 시간을 갖는 것이다. 중요한 순간에는 관계도 끊을 수 있어야 한다. 고독 속에서 절차탁마할 수 있어야 한다. 하루 종일 사람들과 어울리면서 공부할 시간이 없다는 건 변명에 불과하다. 남산만한 배를 미워하면서 운동할 시간이 없다는 것은 말이 되지 않는다. 인생에는 승부를 걸어야 할 때가 온다. 그래야만 할 때가 있다. 가끔은 교제를 완벽하게 끊고 하는 일을 철저히 정리해보라. 그렇게 하면 거의 모든 시간을 온전하게 활용할 수 있을 것이다.

난 사람들과 사귀는 것을 좋아하는 것만큼이나 혼자 있는 시간을 즐긴다. 새벽에 일어나 책을 읽고 사색하고 글을 쓸 때 큰 충만함을 느낀다. 혼자이기 때문에 책을 읽고 글을 쓸 수 있다는 사실이 기쁘다. 특히 나이가 들수록 혼자 놀 수 있어야 한다. 고독을 당당히 받아들일 수 있어야 한다. 어차피 인생은 혼자 왔다 혼자 가는 나그넷길이기 때문이다.

사이토 다카시의 저서 『혼자 있는 시간의 힘』에 나오는 내용이다.

때론 아무것도 하지 않기

운동선수가 가장 중시하는 것은 컨디션 조절이다. 아무리 실력이 좋아도 컨디션 조절에 실패하면 게임에서 진다. 사무실에서 일하는 우리도 그렇다. 컨디션 조절이 중요한데 그것의 핵심은 제대로 잘 쉬는 것이다. 근데 그게 쉽지 않다.

휴식에는 몇 가지 오해가 있다. "남들이 놀 때 나도 놀아야 한다." "휴식을 위해서는 따로 시간을 내야 하고 많은 돈이 필요하다." "시간만 충분히 주어진다면 나는 제대로 쉴 수 있다." 등이 그렇다. 하지만 그렇지 않다. 사람들은 여가 시간을 제대로 즐기지 못한다. 남들과 비슷한 시기에 비슷한 곳으로 휴가를 간다. 어딘가 꼭 가야만 한다는 강박관념도 갖고 있다. 집에 있으면 큰일 난다고 생각하는 사람도 많다. 가서 하는 일도 비슷하다. 노동하듯 뭔가를 한다. 쉬는 게 아니고 더 많은 에너지를 쓰고 온다. 휴식의 기술은 자유시간을 얼마나 많이 가졌느냐의 문제가 아니라 태도의 문제다. 휴식이란 밀도 있는 순간을 말한다. 이런 순간은 시간상 몇 시간 혹은 며칠까지

확장될 수 있다. 자신만의 이 시간은 다양한 모습으로 나타난다. 사랑하는 사람과의 밀도 있는 대화, 음악을 즐기며 맛보는 기쁨, 때로는 긴장감 넘치는 일 등등. 중요한 것은 시간과의 일체감이다. 휴식은 나와 내 인생에서 중요한 것 사이의 일치를 뜻한다.

시간의 주인으로 산다는 것은 무엇일까? 이탈리아 티롤 지방의 농민을 대상으로 일과 여가 시간에 관해 어떻게 이해하느냐고 물었다. 그들은 둘 사이에 무슨 차이가 있느냐고 되물었다. 그들은 해야 할 일을 한다. 젖을 짜고 잡초를 뽑고 사이사이 애들에게 옛날얘기를 해주고 아코디언 연주를 즐긴다. 더 많은 시간을 갖게 된다 해도 지금의 삶과 다를 바가 없다. 이들은 현재 자기만의 시간을 완벽하게 실현하고 있다. 이들의 노동강도는 보통 직장인보다 훨씬 세지만 시간 부족을 호소하지 않는다. 일과 휴식을 구분하지 않기 때문이다. 결국 시간 부족이란 느낌은 물리적 시간과는 별 관계가 없다. 어떤 태도와 관점을 갖느냐에 달린 것이다. 그럼 어떻게 해야 할까?

우선 정보라는 이름의 마약을 끊어야 한다. 이게 휴식의 가장 큰 방해물이다. 몇십 통씩 오는 이메일과 스마트폰은 사람을 가만 놔두지 않는다. 여기에 대응하느라 사람들은 지친다. 제발 이메일이 오지 않는 곳에서 살고 싶다고 호소하는 사람도 많다. 그래서 요즘 최고의 휴양지는 인터넷이 되지 않는 곳이라고 한다. 근데 실제 며칠 동안 이메일이나 문자가 오지 않으면 어떨 것 같은가? 견디지 못할 가능성이 높다. 그만큼 우리는 정보에 중독되어 있다. 요즘은 목욕탕에까지 스마트폰을 들고 가는 사람도 있다. 휴식을 위해서는 스마트폰을 꺼두는 시간이 있어야 한다. 그걸 즐길 수 있어야 한다. 이메일은 정해진 시간에만 하루 두 번쯤 열어보고 그 즉시 처리한다. 모든 메일에 답할 필요도 없다. 대부분 메일은 답할 필요가 없다. 의도적으로 중간중간 정보와 차단할 필요가 있다.

언제 피곤함을 느끼는가? 오랜 시간 책상 위에 앉아 있지만 뭔가 제대로 한 일이 없을 때 피곤함을 느낀다. 이것저것 하느라 몰입해서 일하지 못했기 때문이다. 반대로 무언가 몰입해서 일하느라 시간 가는 줄 모르면 피곤하지 않다. 몰입은 작업기억과 관련이 있다. 작업기억은 작업을 할 때 필요한 기억이다. 이게 있어야 몰입해서 효과적으로 지금 하는 일을 할 수 있다. 근데 일을 하던 중 더 중요한 정보가 오면 지금의 작업기억이 날아간다. 작업기억의 용량이 적기 때문이다. 낯선 전화번호 하나만 기억하려고 노력해도 다른 정보가 입력되지 않는다. 이처럼 쓸데없는 자극은 몰입을 방해한다. 작업기억을 향상해 몰입도를 높여야 하는데 이런 방법이 있다. 우선순위 목록을 만드는 것, 주의를 산만하게 하는 것을 없애는 것, 메모, 미리 계획을 짜는 것, 지친 두뇌가 회복할 시간을 두는 것, 책상 위를 정리하는 것, 모든 걸 한꺼번에 다 하려고 하지 않는 것 등이 좋은 방법이다.

아무것도 하지 않는 것의 대표 선수는 잠자는 것이다. 잠을 자면 아무것도 하지 않는 것 같지만 실은 많은 것을 한다. 우리는 잠을 자면서도 배운다. 잠은 가장 큰 기쁨이고 즐거움이다. 슬픔을 이기게 해주는 친구다. 푹 자고 나면 다른 사람이 된 것 같은 기분을 맛본다. 한결 상쾌하고 너그러워지며 남을 돕고 싶어진다. 더 생산적으로 변한다. 일과를 서너 시간이면 해낼 수 있어서 더 많은 시간을 휴식할 수 있다. 편안히 쉴 때 몸은 놀라울 정도로 활발히 활동한다. 아무것도 하지 않는 것 같지만 몸은 회복과 재생 과정에 몰두하는 동시에 기억력, 자신감, 창의력을 키우는 작용을 한다. 잠은 의식의 손실인 것 같지만 사실 의식을 만드는 것이다. 낮 동안 배운 것을 자기 것으로 만든다.

요즘 사람들은 가만히 있지 못한다. 오죽하면 멍때리기 대회를 열겠는가? 그만큼 혼자 가만히 있는 시간이 필요하다는 증거다. 이를 위해서는 아무런 약속과 일정이 없는 나만의 시간을 확보해야 한다. 다른 약속이 잡히기 전에 일정을 비우는 것인데 쉽지 않다. 나도 모르게 일정을 잡으려고 하는데 이럴 때는 두 가지 질문을 던져 보라. 내가 이걸 꼭 해야만 하는가? 내가 이걸 정말 하고 싶은가? 대개는 꼭 할 필요가 없는 일이다. 다음은 거절을 잘하는 것이다. 내가 없어도 세상은 잘 돌아간다는 사실을 기억해야 한다. 휴식은 쉴 때 쉬고 일할 때 일하는 것이다. '온'과 '오프'가 명확한 것이다. 때로는 아무것도 하지 않고 나만의 시간을 갖는 것이다. 제대로 된 휴식을 취해야 마음의 평화를 얻을 수 있다.

울리히 슈나벨의 저서 『아무것도 하지 않는 시간의 힘』에 나오는 내용이다.

빡빡하지 않게 듬성듬성

예전 대학교수 시절 주중에 팀원들과 반나절 등산을 한 적이 있다. 오전에는 각자 일을 하고 오후에 삼청공원 뒷길을 이용해 서울 성곽을 올라갔다. 서울에서 50년을 넘게 살고 근처 고등학교까지 다녔을지라도 이 길은 처음이었다. 서울이 아름다운 곳이란 생각은 여러 번 했다. 하지만 이토록 눈부시게 아름다운 줄은 정말 몰랐다. 아기자기한 길을 따라 올라가면서 자연의 냄새를 실컷 맡았다. 바로 밑이 서울의 가장 번화한 곳이란 사실이 믿기지 않았다. 큰 바위에 누워 가을 하늘을 보고 팀원들과 사진을 찍고 낄낄거리며 놀았다. 서로를 놀리고 장난치면서 두 시간쯤 재미있게 보냈다. 하산 후 뒤풀이로 멋진 일식집에서 식사했다. 나도 행복했고 팀원들도 행복해했다. 이곳이 천국이라는 생각이 절로 들었다. 이런 행복은 절대 돈만으로 살 수 있는 건 아니다. 시간과 그 시간을 즐길 마음의 여유가 있을 때 가능하다.

우리는 무엇을 하면서 밥을 먹고 있을까? 직장인은 알짜배기 시간을 모두 조직에 내놓고 그 대가로 밥을 먹는다. 직업을 영어로 아큐페이션occupation이라 부르는데 '차지한다.'라는 뜻의 아큐파이occupy와 어원이 같다. 직장이 일상에서 가장 많은 시간을 차지한다는 말이다. 자유를 잃고 구속당하지만 대신 안정적인 월급을 받는 곳이 직장이다. 프리랜서는 매일매일을 치열하게 살아야 한다. 자유로운 대신 불안하다. 삐끗하면 생계가 위협받을 수 있다. 교수 생활을 할 때도 나는 비교적 자유로웠다. 학교 일로 미팅도 하고 강의도 해야 하지만 그 외 시간은 내 맘대로 사용할 수 있었다. 그 시간을 주로 책 읽기, 글쓰기, 사람 만나기, 강의, 컨설팅, 코칭 등에 썼다. 시간이 남으면 등산도 다니고 여행도 다녔다.

대기업을 나온 후 초기에는 자유보다는 일을 선택했다. 강의 청탁이 들어오면 기뻤다. 세상이 나를 알아주는 것 같았고 강사료로 은행 잔고가 느는 재미도 있었다. 강의 요청이 있으면 만사 제치고 응했다. 그러다 강의 요청이 뜸해지면 불안했다. 일정 시간이 지나면서 생각이 바뀌었다. 돈보다 자유를 선호하게 되었다. 모든 강의에 응하기보다 하고 싶은 강의만 했다. 기준은 재미, 보람, 투자 대비 효용성이 높은 것이다. 셋 중 하나는 있어야 강의 요청을 받아들였다.

사람은 누구나 시간을 팔아 밥을 먹는다. 직장인은 입도선매로 시간을 내어놓은 사람이다. 프리랜서는 그때그때 시간을 판다. 나 역시 마찬가지다. 나 역시 시간을 팔아 밥을 먹는 사람이다. 그런 만큼 시간을 매우 중시한다. 시간을 효과적으로 사용한 날은 흐뭇하고 낭비한 날은 기분이 나쁘다. 내 시간을 소중히 여기는 사람에게는 감사하고 내 시간을 함부로 여기는 사람에게는 화가 난다. 화나게 하는 대표는 강의 청탁 후 취소다. 시간을 한참 남겨놓고는 있을 수 있는 일이지만 바로 전날 취소하는 때도 있다. 정말 매너가 아니다. 모 기업은 몇 달 치 주말을 통째로 예약했다 바로 전날 취소하기도 했다. 그 결과 운동 약속도 못 하고 다른 기업 요청에도 응하지 못하고 말았다.

이유도 모른 채 만나자는 요청도 두렵다. 어떻게 이유도 말하지 않고 남의 시간을 달라고 할 수 있는가? 밥을 먹자는 요청도 반갑지만은 않다. 한번은 중소기업 대표의 요청으로 대학에서 강의한 적이 있다. 해외 출장을 가야 하는 자신을 대신해 강의해달라는 요청이었다. 거절하기 어려운 사이라 기쁜 마음으로 응했다. 출장에서 돌아온 그분은 고맙다며 식사하자고 얘기했는데 당시는 몹시 시간에 쫓길 때였다. 이중으로 시간을 내달라는 요청에 더 이상 시간을 쓰고 싶지 않았다. 골프를 치자는 요청도 가끔은 곤혹스럽다. 그쪽에서는 성의를 갖고 좋은 마음에서 초청한 것이지만 기쁜 마음만은 아니다. 예전에는 골프를 미친 듯이 좋아해 요청만 있으면 모든 일을 제치고 쳤다. 하지만 어느 시점에서 생각이 바뀌었다. 무엇보다 골프에 대한 흥미가 줄었다. 시간 소모가 너무 큰 것도 이유다. 공기 좋고 경치 좋은 곳에서 좋은 사람들하고 어울리고 친해지는 일은 좋다. 하지만 그 때문에 하루를 통째로 날리는 것이 아까웠다.

마음의 평화를 위해서는 갑작스러운 일정 변화에 대한 대응이 중요하다. 예전에는 일정 변화를 싫어했다. 요즘은 아니다. 세상에는 늘 변수가 있게 마련이다. 일정이란 가끔은 변하는 게 당연하다는 생각이 든다. 일정 취소나 변경 시 짜증을 내는 대신 이를 받아들이고 즐기기로 했다. 그런 마음으로 보니 세상이 다르게 보였다. "취소한 사람도 취소하고 싶어 했을까? 뭔가 절박한 사정이 있었을 것이다." 이렇게 생각하니 마음이 한결 가벼워졌다. 주말 강의가 취소되면 주말이 통째로 내게 살아 돌아오는 기분이다. 예전에는 일정이 빡빡해야 좋았다. 뭔가 제대로 일하는 것 같고 사람 구실을 하는 것 같고 유능해진 것 같았다. 지금은 빈 곳이 듬성듬성 있어야 마음이 편하다. 이제는 채우는 대신 비우는 단계로 들어간 것이다. 예전에는 배가 부른 것이 좋았지만 지금은 속이 비었을 때가 행복하다. 이렇게 사람도 변한다는 사실이 신기하다.

오늘 못한 것은 내일 하기

여러분의 하루 일상은 어떤가? 차분히 창밖을 볼 시간은 있는가? 식사하면서 일 얘기를 하지는 않는가? 퇴근 후에도 휴대전화로 일하지는 않는가? 일 중독자라는 얘기를 듣는가? 휴가 때도 읽을 책을 잔뜩 가져가는가? 이런 분주한 삶을 성공적이라고 생각하는가?

몸에는 교감신경과 부교감신경이 있고 둘은 환상의 짝꿍이다. 사자가 나타나면 몸은 긴장한다. 머리카락이 서고 눈동자가 커지고 심장박동이 빨라지고 숨이 가빠진다. 전투 준비를 하는 것이다. 이처럼 교감신경은 전투, 도주, 육체노동을 담당한다. 그러다 위협이 사라지면 부교감신경이 활동을 시작한다. 전투태세에서 일상으로 돌아간다. 심장박동이 느려지고 혈압이 떨어지고 근육이 풀린다. 소화 시스템도 정상으로 돌아간다. 교감은 단기 위험으로부터, 부교감신경은 장기 위험으로부터 우리를 지켜준다. 부교감신경은 재생, 성장, 회복을 담당한다. 예전에는 어두워지면 잠을 잤다. 쉴 수밖에 없었다. 지금은 자동차 소음, 휴대전화 알림음, 컴퓨터 화면, 텔레비전과 라디오 소리, 사이렌, 야간조명 등이 24시간 우리를 괴롭힌다. 쉬어야 할 때 교감신경을 활동하게 만드는 초원의 사자들이다. 24시간 우리 몸을 전투태세로 긴장시킨다.

일하는 것 못지않게 쉬는 능력이 필요하다. '마냐나 능력'이란 휴식할 줄 아는 능력을 말한다. 마냐나mañana는 스페인어로 '내일' 또는 '나중에'를 뜻한다. 오늘 처리하지 못한 일은 내일 하자는 말이다. 무위라는 개념과도 일맥상통한다. 쉴 때 쉬고 일할 때 일하는 것이다. 그럼 어떻게 해야 잃어버린 마냐나 능력을 찾을 수 있을까?

첫째, 그때그때 상황에 최선을 다해야 한다. 밥 먹을 때는 밥을 먹고 일할 때는 일해야 한다. 집에 가서는 일은 잊고 가족과 놀아야 한다. 마냐나의 최대 적은 바로 휴대전화다. 필요 없을 때는 꺼두는 것이 좋다. 몇 시간 꺼둔다고 지구가 멈추지는 않는다.

둘째, 나만의 마냐나 시간을 확보해야 한다. 아무에게도 방해받지 않는 온전히 나만을 위한 시간이 필요하다. 새벽에 기도하는 시간, 퇴근 후 혼자 조용히 차 한잔 마시는 시간, 점심 식사 후 공원을 산책하는 시간, 퇴근하는 차 안에서 보내는 시간 등이 그것이다. 나는 해외로 나가는 비행기 안에서의 시간을 좋아한다. 아무런 방해가 없는 나만을 위한 시간이 확보되기 때문이다.

셋째, 방식의 변경이 필요하다. 전투 중에는 전투를 준비하는 방식으로, 평화 시에는 평화로운 방식으로 지내야 한다. 그래서 점심시간이 중요하다. 하던 일을 잊고 식사에 집중하는 것이 좋다. 그러면 부교감신경이 활성화해 소화를 촉진한다. 사무실 창을 열고 기지 개를 켜고 즐거웠던 일을 떠올리는 것도 방법이다. 식당에 가는 길에 휴대전화로 업무 얘기를 하거나 식당에서 미팅하는 악습은 버려야 한다. 식탁에서 골치 아픈 얘기를 하는 것도 금지 사항이다.

넷째, 일과 가정을 분리해야 한다. 퇴근 후에는 가급적 휴대전화를 끄고 가족을 만나야 한다. 완벽하게 일을 끝낸 후 집에 가는 사람은 없다. 모두 마무리하지 못하고 집에 간다. 퇴근할 때 음악을 들으며 가족의 얼굴을 떠올려보길 바란다. 퇴근 직전 내일 처리할 중요한 세 가지를 메모하고 스스로 "오늘은 이것으로 충분해. 나머지는 내일 하자고."라고 말하라.

다섯째, 아무 계획 없는 휴가도 권하고 싶다. 휴가 때까지 빽빽하게 일정을 짜는 것은 또 다른 스트레스다. 휴가 때조차 무슨 자격증 같은 것을 따기 위해 시간을 보내서는 안 된다. 휴가는 최대한 비효율적으로 보내길 바란다. 지나치게 활성화한 교감신경을 죽이고 대신 부교감신경을 살려야 한다.

여섯째, 무리한 운동은 하지 말아야 한다. 운동은 스트레스를 해소하는 좋은 방법이다. 하지만 일정 수준을 넘어 신체에 무리를 주면 스트레스가 된다. 면역 시스템이 무너지고 감기 등에 잘 걸린다. 운동선수는 훈련 후 반드시 회복기를 둔다. 이렇게 하지 않으면 몸에 문제가 생긴다. 몸은 정직하다. 무리하면 쉬라는 신호를 보낸다. 이때 쉬면 문제가 없다. 하지만 이를 무시하면 문제가 생긴다.

마냐나 능력을 되찾아야 한다. 마야 슈토르히와 쿤터 프랑크의 공저 『휴식능력 마냐나』에 나오는 내용이다.

가볍게 단순하게 살아라

정말 복잡하게 사는 사람들이 많다. 분주하게 사는 사람들도 많다. 일이 일을 만들고 사람 사이에 반응이 일어나다 보니 자신도 어쩔 수 없는 분주함의 구렁텅이를 헤매게 된다. 그런 사람들은 자신도 모르는 사이에 "힘들어 죽겠다." "바빠 죽겠다." "정신없어 죽겠다."라는 소리를 한다. 도대체 무엇을 위해 저렇게 분주하게 사는 것일까? 그래서 얻는 게 무엇일까? 어리석은 사람은 모든 일이 복잡하다. 무슨 말을 하는지 알아듣기도 어렵다. 하겠다는 것인지, 말겠다는 것인지도 알 수가 없다. 뭐 그렇게 따지고 걸리는 게 많은지, 뭔 눈치를 그렇게 보는 것인지. 그야말로 되는 일이 하나도 없다. 반면 도가 튼 사람을 보면 만사가 단순하다. 거칠 것이 없고 눈치 보는 것도 없다. 당연히 그런 사람을 만나면 머릿속이 시원해진다. "어리석은 사람은 간단한 문제도 복잡하게 만들고 현명한 사람은 복잡한 문제도 간단하게 만든다."라는 속담이 가슴에 와닿는다.

어떤 직원이 상사에게 A4 용지로 두 장이나 되는 글을 써서 보냈다. 그 직원에 대한 상사의 답신은 단 한 줄이었다. "그래서 네가 원하는 게 뭐야?" 그 직원의 앞날이 걱정된다. 그 직원의 편지가 긴 이유는 무엇 때문일까? 그는 자신이 무슨 말을 하는지, 무슨 말을 해야 할지 모르기 때문이다. 명확하지 않기 때문이다. 이처럼 영양가가 없고 생산성이 떨어지는 사람의 특징은 말이 길고 복잡하다는 것이다.

단순함은 지혜의 상징이다. 단순함은 집중력이다. 집중력의 또 다른 말은 차단이다. 차단해야 집중할 수 있다. 정말 소중한 것을 위해 불필요한 것을 정리해야 한다. 주기적으로 주변을 구조 조정해야 한다. 우선 사람을 정리하라. 의무감에서 만나는 사람, 만나기 싫지만 할 수 없이 만나는 사람, 만나고 나면 기분이 언짢아지는 사람은 과감하게 정리해야 한다. 세상 고민의 반 이상은 만나지 않아도 사는 데 지장이 없는 사람들을 만나는 데서 시작한다.

불필요한 직함도 버려야 한다. 별다른 역할도 하지 않으면서 철 지난 계급장을 주렁주렁 달고 다니는 사람을 보면 딱하다. 불필요한 신문과 잡지도 정리해야 한다. 몰라도 되는 사실을 너무 많이 아는 게 문제다. 몰라서 손해를 보는 것보다 알기 때문에 손해를 보는 경우가 더 많다. 가끔 외국에 나가 보면 머리가 맑아지는 느낌을 받는데 바로 신문과 뉴스를 안 보기 때문이다.

침묵의 기간도 필요하다. 해야 할 말을 하지 않아 후회한 것보다 하지 말았어야 할 말을 해서 후회한 경험이 얼마나 많은가? 중세 기독교 성자 토마스 아 켐피스는 이렇게 얘기했다. "당신이 밖으로 나

가지 않으면 그 무성한 소문에 대해 듣지 않게 된다. 차라리 집에 있으면서 복된 무지를 누리는 편이 낫다. 밖에서는 최신 소식을 들을 수 있는 기쁨이 있을지 모른다. 하지만 그 결과 해결해야 하는 혼란스러운 문제를 만날 것이다." 단식하면 육체적으로 정신적으로 건강해지듯 복잡한 시대에는 주기적으로 자신을 사회로부터 차단하는 것도 필요하다. 물건도 정리해야 한다. 쓸데없는 옷, 신지도 않는 구두, 가방, 책, 테이프 등이 그렇다. 버려야 들어올 자리가 생긴다. 오래된 고정관념과 지식도 버려야 한다. 그래야 새로운 지식이 들어올 수 있다.

단순하게 살기 위해서는 거절이 디폴트가 되어야 한다. 거절하지 못하면 단순한 삶은 힘들다. 거절을 잘해야 단순한 삶을 살 수 있다. 근데 왜 거절은 힘든 것일까? 거절했을 때 상대가 실망하는 모습이 두렵기 때문이다. 거절하지 못하면 복잡함의 회오리 안으로 들어간다. 어떤 여자는 무능하고 우유부단한 남편을 견디지 못하고 이혼했는데 전남편이 빚보증을 서달라고 요구하자 거절하지 못하고 승낙했다. 그 때문에 유일한 재산인 집을 날리고 신용불량자가 되어 힘겹게 살고 있다. 순간의 인정을 뿌리치지 못해 평생 큰 짐을 지게 된 것이다. 단순하게 살기 위해서는 "아니요."라고 말하는 용기가 필요하다.

단순하게 산다는 것은 정말 소중한 것을 위해 덜 소중한 것을 덜어내는 것이다. 하지만 많은 사람은 별것 아닌 것에 별것이 침해되는 삶을 살고 있다. 단순하게 사는 것은 우리 생활에서 짐을 덜어 더욱 가볍고 깨끗하게 사는 것이다. 그것은 우리가 소비하는 물자와 하는 일, 대인관계, 자연과 우주와의 관계 등 생활의 모든 면을 더욱 더 직접적이고 소박하며 단출하게 정리하는 것이다. 외적으로는 더욱 단순하고 내적으로는 더욱 풍요롭게 사는 방식이다.

베르너 퀴스텐마허와 로타르 자이베르트의 공저 『단순하게 살아라』에 나오는 내용이다.

자기만의 삶의 철학 정립하기

삶을 지배하는 핵심 철학이 있는가? 그런 철학을 갖게 된 배경은 뭔가? 심리학자 장 피아제는 생각을 표상$_{representation}$으로 정의한다. 어디선가 본 것을 다시 떠올린다는 것이다. 내 경우는 법정 스님의 말을 자주 떠올린다. "만남은 눈뜸이다." "시간은 목숨이다." 같은 말이다. 좋은 만남을 통해 새롭게 눈을 뜨게 되고 시간이 목숨이니 귀하게 생각하라는 말이다. 인생에는 정답이 없지만 몇몇 의제에 대해 생각을 정리하면 마음의 평화를 얻는 데 도움이 된다.

첫째, 삶의 의미에 관한 것이다. 사는 것이 힘들다는 사람들이 있다. 난 그럴 때마다 이 사람들이 말하는 힘들다는 것의 정의는 뭘까 생각한다. 이런 걸 가정해보자. "5만 원짜리로 가득한 큰 가방을 운반해 집으로 가져가야 하는데 가져가기만 하면 내 돈이 된다. 근데 거리가 제법 멀다." 그 가방을 들고 가는 일이 힘들까? 그렇지 않을 것이다. 내가 생각하는 힘들다는 것의 정의는 "의미를 발견하지 못했다."이다.

그걸 얘기한 사람이 빅터 프랭클이다. 그는 나치 수용소에서 4년을 보냈다. 강제노동에 시달리고 홀로코스트로 아내와 부모를 잃었다. 그 악조건을 어떻게 극복했을까? 의미를 발견했기 때문이다. 의미를 발견하면 살아남을 수 있다. 세상에서 일어나는 일은 어떻게 할 수 없어도 그 일에 어떻게 대응할 것인지는 선택할 수 있고 의미를 찾으면 살아남을 수 있다. 힘들다고 생각할 때 힘들게 하는 것의 의미를 찾아보길 바란다.

둘째, 우리 존재에 관한 것이다. 우리라는 존재가 과연 뭘까? 산다는 것이 어떤 의미가 있을까? 이와 관련해서는 사르트르가 한 말 "실존은 본질에 앞선다."가 도움이 된다. 조지 버클리도 "존재는 지각되는 것"이라고 말했다. 사물과 달리 인간은 특성으로 정의될 수 없다. 토스터는 빵을 굽기 위해 만들어졌고 빵을 굽기 위해 존재한다. 그게 토스터의 목적이자 본질이다. 인간은 다르다. 인간은 존재 자체로 가치가 있다. 인간은 우선 존재하고 다음에 자신을 창조한다. 다른 사물들은 절대 할 수 없는 일이다. 스스로 자신의 특성과 목적을 만들고 도중에 바꿀 수도 있다. 존재 자체가 가진 고유의 잠재력을 인정해야 한다. 근데 많은 사람이 존재 자체를 부인하고 책임을 다른 것에 돌린다. "난 원래 이래. 이게 나야. 내가 아직 담배를 피우는 건 쉽게 중독되는 성격 때문이야. 그렇게 타고난 걸 어떻게 해."라고 변명한다. 과연 이 말이 사실일까? 그렇지 않다. 이 사실을 인정하는 순간 책임을 회피할 수 없어서 하는 변명이다. 사람은 백 번이고 천 번이고 변할 수 있다. 아니, 계속해서 변해야 한다. 그러면서 스스로 가치 있는 존재로 새롭게 창조해야 한다. 우리는 존재 그 자체로 가치가 있다.

셋째, 현재의 중요성이다. "네가 갖지 못한 것을 갈구하느라 네가 가진 것마저 망치지 마라. 기억하라. 지금 가진 것도 한때는 네가 꿈꾸기만 한 것이다." 에피쿠로스가 한 말이다. "현재를 살아야 한다. 모든 파도에 몸을 실어라. 매 순간 영원을 발견하라. 바보는 자신에게 주어진 기회의 섬에서 육지만 바라본다. 육지 같은 건 없다. 이 삶 말고 다른 삶은 없다." 헨리 데이비드 소로의 말이다. 여러분은 과거, 현재, 미래 중 주로 어디에 머물고 있는가? 주로 어느 쪽을 생각하면서 시간을 보내는가? 현재를 즐겨야 한다. 근데 현재를 즐기라는 말의 정확한 뜻이 뭘까? 갖지 못한 것을 갈구한 나머지 이미 갖고 있는 것의 소중함을 잊지 말라는 말이다. 건강이 대표적이다. 보통 사람들은 건강을 잃기 전까지 건강이 얼마나 소중한지 모른다. 그 외에도 가족, 직장, 친구, 국가 등 너무 많은 것을 갖고 있지만 인식하지 못한다.

지금 순간 온 마음을 다해 살아야 한다. 지금 순간은 다시 오지 않는다. 9·11 테러로 가족을 잃은 사람들의 수기를 본 적이 있다. 대부분 사람은 이런 후회를 한다. "그날 출근하는 남편이 마지막이라는 걸 알았으면 사랑한다고 말할걸. 꼭 안아줄걸." 누구도 그 순간이 마지막이 되리라 생각하지 못했다. 현재를 즐기라는 것의 핵심은 현재를 충실히 살라는 것이다. 대부분 사람은 현재에 몰입하는 대신 딴생각을 한다. 직장에선 가정을 생각하고 가정에선 일을 걱정한다.

지금 내 앞에 있는 사람에게 집중하지 못하고 엉뚱한 사람과 메신저를 주고받는다. 세상에서 가장 중요한 건 지금 내가 하는 일과 지금 내 앞에 있는 사람이다.

넷째, 걱정에 대한 것이다. "우울해하거나 걱정한다고 과거와 미래의 사건이 바뀐다고 믿는다면 당신은 현실이 아니라 외계행성에 살고 있다." 심리학자 윌리엄 제임스의 말이다. 몽테뉴도 비슷한 말을 했다. "내 삶의 대부분은 일어난 적도 없는 끔찍한 불운으로 가득 차 있었다." 일어나지 않을 일 등으로 쓸데없이 걱정을 사서 하고 있다는 말이다. "한숨을 쉰다고 세상이 바뀌지 않는다. 개선할 방법 없이 세상을 개탄하는 건 의미가 없다. 대안이 없다면 책 같은 건 쓰지 마라. 휴양지에서 일광욕이나 즐겨라." 피터 싱어가 한 말이다. 근데 왜 사람은 걱정할까? 사람들이 걱정하는 이유는 걱정거리를 없애기 위해 뭔가 하는 것보다는 걱정하는 것이 비용이 적게 들기 때문이다. 걱정하면 뭔가를 하는 것 같지만 사실은 아무것도 하지 않는 것이다. 세상에서 제일 영양가 없는 일이 바로 쓸데없이 걱정하는 일이다.

마지막은 죽음에 대한 것이다. 여러분은 죽음을 어떻게 생각하는가? 죽는 것이 겁나는가? 이럴 때는 에피쿠로스의 말이 큰 위로가 된다. "죽음은 아무것도 아니다. 살아 있을 때 죽음은 아직 오지 않았다. 죽음이 찾아왔을 때는 우리는 존재하지 않는다." 살아 있는데 오지도 않은 죽음을 왜 생각하느냐, 또 죽으면 우리는 이미 없는데 왜 걱정을 하느냐는 말이다. 단순하지만 맞는 말 같다.

단순한 삶을 살기 위해서는 남이 내린 정의가 아니라 내가 내린 정의대로 살아야 한다. 그러면 삶이 단순해지고 쓸데없는 걱정이 사라진다. 여러분만의 삶의 철학을 정립하라. 가치관의 뼈대를 세우라. 그러면 삶이 훨씬 가벼워질 것이다. 쉽게 휘둘리지 않을 것이다.

대니얼 클라인의 저서 『사는 데 정답이 어딨어』에 나오는 내용이다.

디지털 기기와의 관계 재정립

하루에 몇 시간이나 스마트폰을 보는가? 혹시 많은 시간을 페이스북이나 인스타그램에서 보내지는 않는가? 스마트폰에서 많은 시간을 보낸 후 기분은 어떤가? 상쾌한가? 스마트폰은 긍정적 측면보다는 부정적 효과가 훨씬 크다. 현재 많은 사람이 주로 화면으로 세상을 경험한다. 화면을 누르는 걸로 모든 걸 대신하고 있는 것 같다. 우리는 스마트폰의 노예다. 스마트폰이 인간을 위해 존재하는 것이 아니라 인간이 스마트폰을 위해 존재하는 것 같다. 문제는 자신이 노예란 사실을 인지하지 못한다는 것이다. 그 사실을 인지하지 못한 채 주인에게 복종하고 있고 우리는 서서히 망가지고 있다.

영향력 있는 논평가 앤드루 설리번이 『뉴욕』에 「나도 한때는 인간다웠다」라는 글을 실었다. 부제는 이렇다. '끝없는 뉴스, 소문, 이미지의 폭격이 우리를 광적 정보중독자로 만들었다. 그래서 난 망가졌다. 당신도 망가질지 모른다.' 요즘 가장 많이 듣는 단어는 피로란 말이다. 모두 너무 피곤하고 피로하다고 한다. 왜 그럴까? 너무나 많은 잡동사니가 줄기차게 우리 주의를 끌어당기고 기분을 조종하기 때문이다. 멀리 있는 친구와 연결하려고 페이스북에 가입했는데 정작 페이스북을 하느라 같은 테이블에 있는 친구와 제대로 된 대화를 하지 못한다. 온라인에서 분노와 폭언이 주종을 이루는 건 불가피한 속성이다. 사람의 주의를 끌어야 하는 시장에서는 긍정적이고 건설적인 사고보다 어두운 감정이 더 눈길을 끈다. 인터넷을 많이 하는 사람은 어두운 면을 계속 접하게 된다. 당연히 부정적으로 된다. 충동적 접속에 대한 대가를 지급하는 것이다.

왜 자신도 모르게 자꾸 스마트폰을 열게 되는 것일까? 설계 단계부터 의도적으로 그렇게 만들었기 때문이다. 행동중독을 일으키도록 설계한 것이다. 그래야 돈이 되기 때문이다. 핵심은 두 가지다. 첫째, 간헐적 강화intermittent positive reinforcement다. 예측할 수 없는 보상이 알려진 패턴의 보상보다 훨씬 유혹적이다. 예측할 수 없는 피드백은 슬롯머신처럼 사람을 잡아둔다. 언제 어떤 소식이 뜰지 모르니까 계속 보게 되는 것이다. 둘째, 사회적 인정욕구drive for social approval다. 인간은 자신에 대한 다른 사람들의 인식을 무시할 수 없는 사회적 존재다. 긍정적 피드백을 받지 못하면 괴로움에 시달린다. 이 두 가지 기술이 행동중독을 촉발하는 것이다.

그럼 어떻게 해야 할까? 기술과의 관계를 재설정하는 것이다. 영리하게 디지털을 활용하는 것이다. 다음 사용 원칙을 소개한다.

첫째, 잡다함은 대가를 수반한다. 너무 많은 기기, 앱, 서비스에 시간과 주의를 분산해서 얻은 개별적 혜택은 작은 데 비해 부정적

비용은 더 많이 든다. 시간을 잡다한 일로 빼앗기는 것만큼 큰 손실은 없다. 둘째, 최적화다. 많이 쓰고 적게 쓰는 것보다 최적화가 중요하다. 당연히 자신이 중시하는 가치를 뒷받침하는 특정 기술만을 선택해야 한다. 제대로 된 혜택을 누리려면 그 기술을 어떻게 활용할지 신중하게 생각해야 한다. 셋째, 계획성이다. 신기술을 계획적으로 활용하면 큰 만족감을 얻을 수 있다. 미국에는 아미시란 사람들이 있다. 자기들끼리 모여 자기들만의 세계를 사는데 자동차와 전화 같은 현대적 기술을 거부하는 것으로 알려져 있다. 근데 그들이 모든 기술을 거부하는 건 아니다. 신기술이 자신들이 추구하는 가치에 도움을 주는지 판단해 도입 여부를 결정한다. 편의성보다는 의도를 중시한다. 그들은 편한 삶은 아니지만 꽤 만족한 삶을 산다. 핵심은 이것이다. 편의를 위한 도구가 자칫 편의를 파괴할 수 있기에 도구를 조건적으로 선택해야 한다는 것이다.

　이를 위해 디지털 정돈이 필요하다. 이런 순서로 하는 게 좋다. 첫째, 필수적이지 않은 부차적 기술에서 벗어나는 30일의 기간을 설정한다. 30일 동안 단식하듯 디지털을 끊는다. 둘째, 이 기간에 만족스럽고 의미 있는 활동을 탐구하고 발견한다. 적극적으로 대안 활동을 찾으라는 것이다. 셋째, 30일이 지난 후 백지상태에서 출발해 부차적 기술을 하나씩 선택해 쓰기 시작한다. 기기를 한 달간 끊으면 처음엔 힘들다. 실험자는 "30일 동안의 중단이 무엇을 놓치고 있었는지 분명하게 말해주었어요. 이제 주위를 둘러보면 세상이 얼마나 많은 걸 안겨주는지 알 수 있어요."라고 얘기했다. 기술에서 벗어나는 것만이 목표는 아니다. 여가 시간에 할 양질의 활동을 적극적으로 찾아야 한다.

다음은 엄격한 기준을 통과한 기술만 재도입한다. 삶에서 가장 중요한 일에 보탬이 되는 기술만 활용하고 다른 기술은 모두 포기한다. 해당 가치를 뒷받침하는 것이 기준이다. 여기서 흥미로운 사실이 한 가지 있다. 정돈 기간이 끝난 후 부차적 기술을 다시 쓰려고 했다. 하지만 더는 관심이 가지 않았다는 것이다. 마치 다이어트 때문에 먹고 싶은 음식을 참았던 사람이 다이어트가 끝난 후 별로 음식이 당기지 않는 것과 같은 이치다. 실험자의 고백이다. "정돈 기간이 끝나는 날 서둘러 페이스북, 블로그, 디스코드로 들어가 푹 빠지려 했어요. 근데 30분 정도 멍하니 훑어보고 나니 '이걸 내가 왜 하고 있지?'라는 생각이 들었어요. 지루했고 어떤 행복도 느끼지 못했어요. 디지털 정돈은 이런 기술들이 사실 별다른 보탬이 되지 않는다는 사실을 깨닫게 해주었어요."

나 역시 스마트폰의 노예였다는 사실을 고백한다. 나도 모르게 자꾸 스마트폰을 열고 쓸데없는 소셜미디어에 접속했다. 나와 별 상관없는 사람들의 일상을 들여다보곤 했다. 근데 별로 행복하지 않았고 시간만 빼앗겼다. 그래서 난 요즘 스마트폰을 가방 안에 넣어두곤 한다. 저녁에는 서재에 두고 열어보지 않으려 한다. 덕분에 예전보다 시간적 여유가 생겼다.

칼 뉴포트의 저서 『디지털 미니멀리즘』에 나오는 내용이다.

쓸데없는 걱정에서 벗어나기

"좋아하는 신문을 읽는 것은 따뜻하고 기분 좋은 목욕을 즐기는 것과 같다."라는 마셜 매클루언의 말처럼 나는 신문 읽는 것을 좋아한다. 오전 식사를 마치고 커피를 한잔하면서 신문을 볼 때 행복감을 느낀다. 뭔가 세상과 접하고 있다는 느낌도 들고 나 자신이 우아해지는 것 같다. 그래서 집에서 일간신문 2개, 경제신문 1개, 주간지 2개를 본다. 그것도 모자라 헬스장에서는 스포츠 신문을 보고 KTX를 타면 나머지 일간신문을 읽는다. 신문이 없는 일요일 오전은 뭔가 허전하고 아쉽다는 생각을 떨칠 수 없다. 일종의 활자중독이다.

오래전 여름 환경재단에서 주관한 프로그램에 참여했다. 배를 타고 환경에 관한 공부도 하고 환경 체험도 하는 프로그램이었다. 배를 타고 보름간 일본과 러시아를 다녀온 적이 있는데 그때 보름간 신문을 보지 못했다. 핵폭탄이 투하된 곳, 핵 발전소가 건설 중인 곳, 천연림이 남아 있는 곳 등을 방문하고 배로 이동했다. 어떨 때는 3일간 배만 탈 때도 있다. 배 안에서는 세미나와 강연에 참석하고 영화를 보고 책을 읽으면서 시간을 보내야 한다. 망망대해에서는 라디오도 되지 않고 휴대전화도 터지지 않는다. 인터넷은 더더욱 되지 않는다. 그야말로 외부와 의사소통이 완전히 끊어진 상태다. 많은 사람이 의사소통이 단절되자 불안감을 드러냈다. 손을 떨기도 하고 안절부절못했다. 나도 처음에는 갑갑하고 뭔가 불안했는데 시간이 지나면서 오히려 편해졌다. 담배를 끊는 것과 마찬가지로 시간이 지나면서 자유와 자율의 느낌을 맛보았다. 내가 대중매체에 중독되어 있었음을 새삼 깨달았다.

신문이 없다면 이 세상은 어떻게 될까? 신문이 중요하긴 하지만 없어도 지장이 있을 것 같지는 않다. 몰라도 사는 데 전혀 지장이 없는 기사들이 대부분이다. 오히려 모르면 좋을 소식으로 차고도 넘친다. 내가 걱정한다고 세상이 나아질 것 같지도 않다. 신문에 대한 소설가 최인호 씨의 얘기는 시사하는 바가 크다. "신문을 보지 않으면 세상에 대한 궁금증이 커질 줄 알았는데 그게 아니었다. 오히려 마음이 편해지고 일에 대한 집중력이 높아지는 것이다. 사실 신문은 우리에게 필요치 않은 정보를 집중적으로 투하하고 있다. 어제 일어난 한일 간 축구 결과를 모른다고 해서 세상에 뒤떨어지는 것은 아니다. 이번 가을 패션 경향을 모른다고 해서 내가 유행에 뒤떨어지지 않는다. 부동산 시세와 웰빙 정보를 모른다고 해서 건강이 나빠지는 것도 아니다. 신문을 읽으면 나는 흥분해버린다. 대통령 얼굴이 미워지며 부인도 미워진다. 나라가 걱정되고 곧 망할 것 같으며 핵전쟁이 일어날 것 같다. (…중략…) 나는 요즘 신문을 읽지 않음으로써 시간과 공간을 훨씬 더 많이 비축하고 있다. 이것이 요즘 내가 한 달에 600매의 원고를 쓰면서도 지치지 않고 행복할 수 있는 비결 중 하나다."

현대인은 신문을 보지 않고서는 살 수 없다. 하지만 가끔은 신문을 끊는 일이 영혼을 맑게 하는 데 도움이 된다. 마치 밥을 먹지 않고서는 살 수 없지만 건강을 위해 단식하는 것과 같은 이치다. 미디어 단식을 하면 심심하다. 할 일이 사라진다. 쓸데없는 걱정을 하지 않아 마음이 평화롭다. 분노도 사라지고 미움도 멀어진다. 시간이 남으니까 이 생각 저 생각을 한다. 그러다 나 자신을 뒤돌아보게 된다. 그동안 남 걱정하느라 정작 하지 못한 자신에 관해 걱정하게 된다. 외부 안건에 파묻혀 푸대접받았던 중요한 안건도 생각하게 된다.

"신문을 읽지 않는 사람은 행복하다. 왜냐하면 그들은 자연에 눈을 돌려 그것을 통해 신을 보기 때문이다." 소로의 얘기다. "신문을 안 읽게 되면서부터 나는 마음이 편해지고 실로 기분이 좋습니다. 왜냐하면 신문은 남이 하는 것만 생각하게 하고 마땅히 자기가 해야 할 의무는 잊게 하기 때문입니다." 괴테의 얘기다. 가끔은 마음의 평화를 위해 미디어 단식을 권한다.

4장

몸을 다스려서 마음을 다스리기

마음의 변화는 몸의 변화에서

마음이 아프면 몸이 고장 나고 몸이 망가지면 마음도 아픈 법이다. 몸과 마음은 긴밀하게 연결되어 있다. 마음의 평화도 그러하다. 마음의 평화는 몸의 문제를 들여다보면 풀 수 있는 경우가 많다. 마음 문제의 대표 선수는 스트레스다. 누구나 스트레스가 건강에 치명적이란 사실을 알고 있다. 그렇기에 이를 어떻게 해결하느냐가 건강에 직접적 영향을 준다. 여러분은 스트레스를 받으면 어떻게 푸는가? 대부분 누군가를 잡고 하소연하거나 술을 마시는 등 나름의 방법으로 푼다. 난 스트레스를 푸는 최선은 운동이라고 생각한다. 마음의 평화도 마찬가지다. 마음의 평화를 위해서는 몸을 움직여야 한다. 운동을 하는 것이 마음의 평화를 위해 최고라고 생각한다.

최근 내가 독서 코칭을 진행하는 금융회사의 부회장은 지난 10년간 회사 가치를 10배 이상 올린 탁월한 경영자다. 그는 독서와 운동에 목숨을 건다는 측면에서 일반인과 조금 다르다. 25년 이상 유산소 운동과 근육 운동을 하고 있다. 최근에 진행한 독서토론회에서 존 레이티와 에릭 헤이거먼의 공저 『운동화 신은 뇌』라는 책을 읽었다. 그가 쓴 독후감 일부를 소개한다.

"트레이딩의 세계는 편도체의 세계다. 성과를 내기 위해선 실력도 실력이지만 공포와 탐욕이라는 압도적 심리를 잘 다스려 좋은 판단과 결정을 해야 한다. '일체유심조—體唯心造'를 수없이 되뇌었다. 하지만 공포와 탐욕이 다스려지지 않았다. 심신이 피폐해진 어느 날 기분 전환을 위해 트레드밀 위에서 열심히 달렸다. 땀을 흘린 후 가뿐한 몸과 맑은 머리로 평소 힘들었던 결정을 빨리 쉽게 할 수 있었고 그날 이후 꾸준히 운동을 해오고 있다. (…중략…) 편도체는 정보를 받으면 현재 상황이 생존과 얼마나 관련이 있는지를 결정한다. 편도체는 뇌의 많은 부분과 연결되어 있어서 다양한 정보를 얻는다. 일부는 최고 인지 기관에 해당하는 전전두엽 피질을 통해 들어오며 다른 일부는 전전두엽 피질을 통하지 않고 직접 들어온다. 이런 이유로 무의식적 지각이나 기억조차도 스트레스 반응을 불러일으킨다." 그의 말을 풀어쓰면 다음과 같다.

첫째, 운동을 통해 뇌세포 연결을 강화하면 스트레스 백신을 맞은 것처럼 어지간한 일은 스트레스로 인식하지 않는다. 즉 편도체가 울리지 않는다. 스트레스의 역치가 올라가서 그렇다. 운동을 해서 심폐기능이 강해지고 체력이 좋을 때는 같은 자극에도 무심히 넘기고 스트레스를 받지 않는다. 하지만 반대의 경우에는 사소한 자극도 스트레스로 느껴지는 경우가 많다. 둘째, 괜찮다고 아무리 되뇌어도 심리적 안정감을 찾을 수 없으나 격렬한 달리기 같은 유산소 운동으로 땀을 흠뻑 흘리고 나면 분노와 공포의 강도가 훨씬 줄어든다. 셋째, 운동해서 안정된 경험이 쌓이면 같은 자극에도 편도체가 울리지 않는다. 편도체가 울리는 빈도가 줄어들면 같은 자극이 와도 극복할 수 있다. 운동이 인지적 변화까지 유도하는 것이다. 넷째, 편도체가 계속 울린다 해도 운동을 하면 빠져나올 수 있다. 그가 내린 결론은 일체유심조가 아니라 일체유신조다.

"스트레스가 쌓일 때 어떻게 하나요?"라는 질문을 자주 받는다. 답하기 곤란한 질문이다. 스트레스를 별로 받지 않기 때문이다. 내가 이상한 사람일까? 아니면 다른 사람이 이상한 사람일까? 물론 스트레스가 전혀 없을 수는 없지만 태생적으로 별로 스트레스를 받지 않는다. 도대체 스트레스의 정체는 무엇일까? 『운동화 신은 뇌』에 나온 대목을 인용한다.

"스트레스는 몸의 평형 상태에 대한 위협이다. 반응하라는 도전이고 적응하라는 요구다. 뇌는 세포를 활동하게 하는 모든 걸 스트레스라고 간주한다. 뉴런이 신호를 전달하려면 에너지가 필요한데 필요한 에너지를 만드는 과정은 세포를 지치고 피로하게 만들기 때문이다. 그런 의미에서 외국어를 배우거나 사람을 만나는 일, 근육을 움직이는 일 모두 스트레스인 셈이다. 해결책은 스트레스에 대응하는 방식이다. 수동적으로 대응하거나 해결책이 없다고 체념하면 스트레스는 심각한 해를 끼친다.

운동은 스트레스를 받는다는 느낌을 정서적으로, 육체적으로 통제하고 세포 차원에서도 같은 역할을 한다. 스트레스는 뇌 성장을 자극하는 일종의 스파크다. 스트레스가 너무 심하지 않고 회복할 시간만 있다면 뉴런 간 연결은 강화되고 기능이 향상된다. 스트레스는 유익함의 여부를 따질 대상이 아니라 우리 삶의 필수 불가결한 요소다. 가벼운 스트레스는 건강에 도움이 된다."

평형을 깨는 모든 건 스트레스다. 살아 있는 존재로서 스트레스가 없을 수는 없다. 우리는 늘 스트레스에 노출될 수밖에 없는 존재다. 중요한 건 스트레스를 받을 때 거기에 대한 대응이다. 많은 사람은 술, 담배, 단것을 찾거나 폭식한다. 가장 좋은 해결책은 운동이다. 수업 전에 학생들이 숨이 차도록 뛰게 하면 몸도 머리도 좋아진다. 임산부도 노인도 운동해야 건강해질 수 있다. 운동 그 자체도 사실은 스트레스다. 근데 운동으로 인한 스트레스는 예측할 수 있고 적절하게 통제할 수 있다. 그리고 운동을 하면 자신감이 생긴다.

그래서 난 마음의 평화를 얻기 위한 최선으로 단연코 운동을 꼽는다. 나 역시 운동한 지 10년이 훨씬 넘어간다. 적어도 일주일에 세 번 이상 근육 운동을 하고 차를 타는 대신 걷거나 대중교통을 이용한다. 덕분에 하루 1만 보 이상을 걷는다. 오랫동안 운동하고 규칙적으로 식사하고 잠을 자면서 여러 변화를 느낀다. 가장 큰 건 컨디션과 집중력이 좋아진 것이다. 당연히 업무 생산성도 좋아졌다. 적게 일해도 성과가 많이 난다. 화가 나지 않는다는 특징도 있다. 난 지난 10년간 화를 낸 기억이 거의 없다. 예전 같으면 화가 날 상황인데 화가 나지 않는 것이다. 내가 무슨 성인군자가 된 것도 아닌데 그렇다. 운동으로 편도체의 활성화를 막은 덕분이다. 불안과 두려움도 많이 줄었다. 전혀 없는 건 아니지만 예전에 비해 횟수와 강도가 많이 줄고 약해졌다. 이 모든 일이 몸의 변화가 가져온 마음의 변화라고 생각한다.

불안하고 두려운가? 운동화 끈을 매고 걷거나 뛰어보라. 아니면 철봉에라도 매달려라. 운동이 우리를 구원할 것이다. 운동이 마음의 평화를 가져다줄 것이다.

몸이 하는 말에 귀기울이기

여러분은 어떤 성격을 갖고 있는가? 혹시 그때그때 할 말을 하고 자기감정을 얘기하는가? 아니면 자기감정을 켜켜이 숨기고 가슴속에 쌓아두는가? 자기 기분보다는 다른 사람 기분에 더 신경을 쓰고 있지는 않나? 무슨 일이든 완벽하게 처리해야 직성이 풀리는 편인가?

의학적으로 치료는 되지만 원인이 밝혀지지 않은 수많은 질병이 있다. 스트레스가 원인이리라 추측만 한다. 스트레스가 면역계에 부정적 영향을 주어 질병으로 발전시키는 것이다. 감정은 전기 물질, 화학 물질, 호르몬의 방출이고 스트레스는 감정 자극에 대한 복잡한 생화학적 반응이다. 감정이 억압되면 신체 방어체계를 무력화시킨다. 다발성경화증, 크론병 같은 장 질환, 만성피로증후군, 각종 자가면역질환, 편두통, 섬유근육통 같은 만성질환자들을 인터뷰했다. 이들은 거절하는 법을 알지 못한다는 공통점이 있었다. 병의 이면에 감정을 억압하는 요인이 있다는 것이다.

스트레스는 주관적으로 느끼는 대상이 아니다. 원인이나 인식 여부와 관계없는 생물학적 과정이다. 생체에 가해지는 요구가 실행 능력을 벗어나면 스트레스가 발생한다. 인간의 경우 정서적 요인이 가장 큰 스트레스다. 불확실성, 정보 부재, 조절력 상실이 그것이다. 만성질환자는 세 요소를 다 갖고 있다. 많은 사람이 자신은 스트레스를 잘 조절하며 살고 있다고 착각한다. 그러다 병에 걸린 후 자신이 스스로 너무 몰아붙였다는 사실을 깨닫는다. 건강하기 위해서는 감정을 처리할 수 있어야 하고 감정을 처리하기 위해서는 다음 능력이 필요하다. 자신이 스트레스를 받고 있다는 것을 아는 것, 감정을 효과적으로 표출해서 욕구를 주장하고 건강한 정서적 상태를 유지하는 것, 현재와 과거를 잘 구분해 현재 상황에 맞는 반응을 보이는 것, 다른 사람의 인정보다 자신의 진정한 욕구를 알아차리는 것이다. 한마디로 자신의 감정을 알아차리고 그걸 적절히 표현하고 해소할 수 있어야 한다. 가장 위험한 건 자기감정을 읽지 못하는 것이다. 몸은 감정 때문에 힘들어하는데 스스로 그걸 눈치채지 못하면 망가지는 것이다. 눈치채도 이를 적절히 처리하지 못하면 역시 몸에 문제가 생긴다.

자기감정을 모르고 무시하면 값비싼 대가를 치르게 된다. 근위축성 측삭 경화증, 일명 루게릭병도 그렇다. 근육을 움직이고 조절하는 운동신경세포만 천천히 죽어가는 병이다. 원인은 정확히 알려지지 않았다. 하지만 루게릭병 환자를 관찰한 예일대학교의 월터 브라운은 환자들에게 나타나는 공통점 두 가지를 발견한다. 하나는 도움을 요청하거나 도움받는 일을 하지 못하는 것이고 다른 하나는 부정적 감정을 상습적으로 배척한다는 것이다. 이들은 다른 사람의 도움 없이 꾸준히 열심히 일한다. 공포, 불안, 슬픔과 같은 감정을 습관적으로 부인하거나 억누르거나 배척한다. 감정의 억압은 대개 좋은 성격으로 나타나 눈에 띄게 친절하다는 소리를 듣는다. 자신을 혹독하게 몰아붙이고 신체적 고통과 정신적 고통을 부인하며 사람들의 기대에 반드시 부응하려고 한다. 에너지가 넘쳐나고 일 중독자인 경우가 많다. 야구선수 루 게릭이 대표적이다. 그는 질병과 부상에도 자신을 선발 명단에서 빼지 말 것을 단호하게 요구했다. 그래서 얻은 별명이 기관차다. 60년간 깨지지 않는 2,130게임 연속 출전이란 대기록을 세웠다. 가운뎃손가락이 부러졌는데도 출전한 적이 있다. 자신에게는 매우 혹독하고 타인은 극단적으로 배려했던 사람이다. 자신은 일을 즐긴다고 생각했다. 하지만 몸은 그렇지 않았다.

디옥시리보핵산$_{DNA}$의 결함만으로는 암이 발생하지 않는다. 질병은 단순한 외부 공격의 결과물이 아니라 체내 환경이 혼란해진 결과물이다. 처음에는 변형 세포가 생긴다. 다음에는 촉진과 진행이 일어난다. 건강할 때는 변형 세포를 죽이지만 그렇지 못하면 새롭게 만들어진 변형 세포를 죽이지 못하고 이게 암세포로 발전하는 것이다. 여기서 호르몬이 일정한 역할을 한다. 많은 종양은 호르몬에 의존한다. 암은 난소와 불알처럼 호르몬 작용과 밀접한 관계가 있는 곳에서 발생한다. 유방암은 호르몬 의존성의 전형적인 예다. 난소와 자궁 같은 여성생식기에 생기는 부인암 역시 호르몬과 깊은 연관이 있다. 때 이른 초경이나 때늦은 폐경은 난소암 발생의 위험을 높인다. 배란을 오래할수록 난소암에 취약하다. 하지만 불임 역시 난소암을 증가시킨다. 참 미묘하고 복잡하다. 우리가 확실히 아는 것은 한 가지뿐이다. 호르몬이 여성의 심리 상태와 스트레스에 민감하다는 사실이다. 1974년 영국은 유방암 환자의 공통점 중 하나가 극단적으로 화를 억압하는 것이라고 밝혔다. 이들 대부분은 화를 너무 참고 다른 감정도 억눌렀다. 극기하고 비현실적인 자기희생을 했다. 대신 겉으로는 쾌활한 것처럼 위장했다. 화를 참으면 스트레스가 늘어난다. 당연히 암에 걸릴 위험성이 올라간다. 감정 표출 부족은 흡연보다 네 배나 폐암 위험성이 높다는 연구 결과도 있다.

결론은 명확하다. 건강의 가장 강력한 적은 바로 스트레스다. 스트레스는 자기감정을 다스리지 못할 때 온다. 자기감정을 알지 못하는 것, 자기감정을 알아도 적절하게 표현하지 못하는 것, 감정을 억누르는 것, 자기 욕구보다는 다른 사람의 욕구부터 충족시키려는 것이 건강에는 치명적이다. 주변에 철인이란 별명을 가진 CEO가 있었다. 거의 쉰 적이 없고 밤새 술을 마셔도 새벽이면 출근해 주변의 감탄을 자아냈다. 하지만 얼마 후 몸에 문제가 생기고 말았다. 본인은 괜찮다고 생각했지만 몸은 그게 아니었다. 몸이 아니라고 말하는 소리를 자신만 듣지 못했다. 몸이 먼저다. 몸이 없으면 정신도 사라지고 우리도 사라진다. 몸이 하는 소리를 잘 들어야 마음의 평화가 오는 법이다.

가보 마테의 저서『몸이 아니라고 말할 때』에 나오는 내용이다.

알맞은 정도로만 소유하기

　몇 년 전 내가 유학했던 동네인 미국 오하이오주의 도시 애크런에 갔다가 유학 당시에 동양식 매점을 했던 지인을 만났다. 돈을 제법 벌어 매점을 그만두고 다른 동네에서 세탁소를 하면서 주말에는 성당에서 사목회장을 하는 분이다. 원래도 사람이 서글서글해 호감 가는 스타일인데 세월이 흘러서 도인 같은 느낌을 받았다.
　저녁 자리에서 그런 내 느낌을 얘기했더니 부인이 이런 얘기를 했다. "그게 아니고 사실은 큰 사건이 있었어요. 몇 년 전엔가 사람이 갑자기 의식을 잃었어요. 건강했던 사람인데 자다가 갑자기 일어난 일이에요. 그리고 꼬박 9일간을 혼수상태에 있었어요. 의사가 가능성이 없다고 했는데 9일째 되는 날 깨어났어요. 뇌에 하나도 손상을 입지 않고 멀쩡한 상태로요. 모두 기적이라고 합니다." 본인 말을 들어봤다.
　"저는 죽음의 문턱에 갔다 왔습니다. 하늘나라에 갔는데 사람들을 평가해 지옥으로도 보내고 천당으로도 보내고 지상으로 되돌려

보내기도 하더군요. 너는 지상에 있을 때 무슨 일을 했느냐는 질문을 받았는데 별로 할 얘기가 없더군요. 근데 옆에 있던 어떤 사람이 이 사람은 죄가 없고 아직 여기 올 때가 안 됐다면서 도와주었습니다. 그 덕분에 살아 돌아왔습니다. 너무 기억이 생생합니다. 죽음의 문턱을 다녀온 후 제 삶은 완전히 바뀌었습니다. 그동안 삶의 최우선 순위였던 돈 문제와 자식 문제는 별로 중요하지 않게 됐습니다. 다른 사람들을 위해 봉사하면서 멋지게 살고 싶습니다. 그래서 무슨 일을 했느냐는 질문을 받았을 때 떳떳하게 말하고 싶습니다."

정말 믿어지지 않았다. 임사 체험 얘기를 듣기는 했지만 이렇게 직접 듣기는 처음이었다. 이분은 이후 삶의 우선순위가 바뀌었고 세속적인 욕심으로부터 자유로워졌다고 얘기했다. 자식의 성적에 일희일비하지 않고 돈을 좀 더 벌기 위해 아등바등하지도 않게 되었다. 그래서 그렇게 얼굴에서 빛이 났던 것 같다.

우리를 힘들게 하는 것 중 하나는 욕심이다. 더 높은 자리로 가려는 욕심, 한 푼이라도 더 벌려는 욕심, 자식에 대한 지나친 기대와 이를 달성하려는 욕심, 이미 유명한데 더 유명해지려는 욕심 등등. 마음을 비운다는 말은 생각보다 쉽지 않다. 마음을 비우면 마음의 평화가 온다는 것은 알고 있지만 그게 뜻대로 되지 않는다. 지나친 욕심은 마음의 평화를 깨고 사람을 상하게 하는 주범이다. 본인도 상하고 주변 사람도 상하게 한다. 재산 때문에 친정어머니와 남편과 동시에 소송하는 사람이 있다. 세상에서 가장 소중한 두 사람과 소송을 붙을 만큼 그렇게 돈이 중요할까? 소송에서 이겨 돈을 더 얻어서 무엇을 어떻게 하고 싶은 것일까?

과도한 욕심은 늘 화를 부르고 사람들의 손가락질을 받게 되어 있다. 개인의 건강과 마음은 물론 얼굴까지 상한다. 얻는 것보다 잃는 게 많다. 소탐대실이다. 작은 걸 욕심부리다 정말 큰 걸 잃게 된다. 주변에 밥 한번 안 사고 잇속에 따라 움직이면 돈은 조금 더 모을 수 있을지 몰라도 인심을 잃고 사람들이 떠난다. 자식을 다 출가시킨 노인이 너무 큰 집에 사는 모습을 보면 사람이 집에 치여 산다는 느낌을 받는다. 그릇이 되지 않는 사람이 너무 높은 자리에 올라 여기저기서 욕을 먹을 때도 비슷한 생각을 한다.

이미 부자인데 아직도 돈에 집착하면서 투자할 곳을 찾아 헤매는 사람을 봐도 그렇다. 그 정도 돈이 있는데 왜 아직도 돈에 그렇게 목숨을 거는지 이해할 수가 없다. 작은 배에 너무 큰 돛을 단다든지, 작은 몸뚱이에 너무 큰 음식상을 받는다든지, 작은 영혼에 너무 큰 권력을 쥐면 결과는 뻔하다. 전복될 수밖에 없다. "알맞은 정도의 소유는 인간을 자유롭게 한다. 도를 넘어서면 소유가 주인이 되고 소유하는 자가 노예가 된다." 니체의 말이다. 마음의 평화를 얻기 위해서는 쓸데없는 욕심을 버려야 한다. 그래야 세상이 눈에 들어오고 사람들이 보인다. 벌건 눈이 맑게 된다.

홀가분한 삶을 살기 위해서

 대기업 공장에서 근무할 때의 일이다. 영국 출장에서 돌아오는 길에 히스로공항 면세점에서 명품 구두를 하나 샀다. 매일 공장에서 안전화만을 신었는데 어느 날 분하다는 생각이 들었기 때문이다. '화려한 청춘을 안전화만 신고 지낼 수는 없지. 괜찮은 명품 구두로 내 영혼을 위로하자.'라는 근사한 명분을 내걸었다. 하지만 불편하고 효용성이 없었다.
 늘 명품 구두를 의식해야만 했다. 공장에는 온갖 장애물이 있다. 예전 같으면 아무 생각 없이 걸을 텐데 자꾸 구두를 의식하며 걸어야 했다. 물이 고인 곳은 피하고 무언가에 부딪치면 혹시 벗겨지지 않았는지 신경이 쓰였다. 근처 허름한 식당에 갈 때도 늘 구두가 걱정됐다. 예전에는 아무 생각 없이 구두를 벗어놓았는데 식당 입구에 붙어 있는 '구두 분실에 대해서는 책임지지 않습니다.'라는 말도 가슴에 와닿았다. 비닐봉지에 구두를 담아 밥 먹는 내내 옆에 두어야만 했다. 공장 책임자인 나는 하루에 거의 2만 보를 걸어야 했다. 그런데 그 구두를 신고는 오래 걸을 수 없었다. 발이 아팠다.

비 오는 날이 결정적이었다. 비 오는 날 공장을 도는데 발이 질척거렸다. 아니, 이렇게 비싼 구두가 물이 새다니! 다음 영국 출장을 가서 명품 구두점에 들러 물이 샌다고 따졌더니 직원이 어떤 일을 하는지, 어떤 길을 걷는지 등등을 자세히 물었다. 솔직하게 얘기했더니 매장 직원이 이렇게 설명했다. "이 구두는 카펫 위에서 우아한 생활을 하는 분들을 위한 구두입니다. 공장 근무자에게는 어울리는 신발이 아닙니다. 비 오는 날은 가능한 한 신지 마시길 바랍니다." 한마디로 개 발에 편자라는 말이다.

당시에는 섭섭했다. '왜 공장에서 근무하는 사람은 명품 구두를 신을 수 없느냐. 명품 구두 신는 사람은 정해져 있느냐.'라고 생각하며 반발심도 생겼다. 하지만 곰곰이 생각하니 그분 말이 맞았다. 공장에서 발품을 파는 내게 명품 구두는 어울리지 않았다. 1년도 안 돼 명품 구두를 폐기 처분했다. 너무 험하게 신어 더 이상 신을 수 없었기 때문이다. 원래대로 다시 안전화를 신었다. 그러자 마음이 편했다. 구두를 의식하지 않아서 기뻤다. 어느 곳이든 거리낄 것 없이 다닐 수 있었고 돌부리에 차여도 신경이 쓰이지 않았다. 식당에서 더 이상 비닐봉지에 구두를 담을 필요도 없었다.

한번은 지인이 취직을 시켜줘 고맙다며 명품 만년필을 선물했다. 워낙 잘 잃어버리는 성격이라 한 번도 명품 만년필을 갖고 싶다는 생각을 한 적이 없었다. 그래도 갖게 되니 기쁜 마음에 열심히 몸에 지니고 다녔다. 디자인도 예쁘고 잘 써지고 사람들이 나를 다시 보는 것 같은 착각도 하게 되었다. 그런데 이상하게 신경이 쓰였다. 매번 잉크를 넣어야 하고 흠집이 생길까 봐 다루는 데도 신경이 쓰였다. 가끔 안 보이면 가슴이 철렁 내려앉았다. 만년필이 나를 위해 존재하는 것이 아니라 내가 만년필을 위해 존재하는 것 같았다. 그러던 어느 날 마침내 만년필이 사라졌다. 정말 아까웠다. 하지만 시간이 지나면서 마음의 평화가 찾아왔다. 늘 나를 떠날 것 같아 가슴 졸이게 만들던 애인이 마침내 나를 떠나면 이런 기분일까? 아쉽긴 했다. 하지만 어차피 일어날 일이 일어나니 오히려 홀가분했다.

무슨 일이든 개념을 명확하게 하기 위해서는 반대의 질문을 던져야 한다. "마음의 평화를 어떻게 얻을 것인가?"보다 "언제 마음의 평화가 깨질까?"라는 질문을 던지면 마음의 평화에 대해 명료함이 생긴다. 그중 하나가 분에 넘치는 것을 소유하고 있을 때다. 공장에서 매일 걷는 사람이 명품 구두를 가질 때, 밥 먹듯 무언가를 잘 잃어버리는 칠칠치 못한 인간이 명품 만년필을 가질 때 평화는 깨진다. 재물도 그렇다. 아주 돈이 많은 재벌과 신생기업으로 떼부자가 된 사람의 절반 정도는 수면제 없이는 잠을 못 잔다는 얘기를 들었다. 왜 그럴까? 재물 손실에 대한 우려 때문이다. 적당한 재물은 필요하다. 하지만 일정 수준을 넘어가면 재물이 사람을 위해 존재하는 게 아니라 사람이 재물을 위해 존재하게 된다. 그래서 난 늘 스스로 갑자기 큰돈이 들어오는 걸 조심해야 한다고 경고한다. 너무 유명해지는 것, 많은 사람 입에 오르내리는 것, 내게 누군가가 열광하는 것 모두 마찬가지다.

마음이 불편하다고? 분에 넘치는 물건을 지닌 건 아닌지 살펴보라. 분에 넘치는 사람들과 사귀는 것도 해당한다. 난 홀가분한 삶을 원한다. 내가 하는 일도 그렇다. 언제든 문을 닫고 떠날 수 있는 일이 좋다. 그래서 죽는 날 소설가 박경리처럼 "버리고 갈 것만 남아서 참 홀가분하다."라고 말하면서 떠나고 싶다.

치우친 삶에서 적정한 삶으로

극단적인 삶을 조심한다. 너무 치우친 사람은 피한다. 무리하고 무모한 삶을 경계한다. 최선$_{best}$이란 말보다는 최적$_{optimization}$이란 말을 선호한다. 한곳에 몰빵하고 나머지를 무시하면 늘 문제가 생긴다. 균형이 무너지기 때문이다. 어떻게 하면 치우친 삶에서 적정한 삶으로 갈 수 있을까? 다음 내용이 방법을 찾는 데 도움이 될 수 있다.

첫째, 감정을 잘 읽어야 한다. 자신이 느끼는 감정이 정확히 무언지, 어디에서 유래하는지를 파악해야 한다. 불편감과 상실감은 비슷해 보이지만 다르다. 신발 속에 작은 돌이 들어 있으면 불편감이다. 좋아하던 걸 할 수 없으면 상실감을 느낀다. 있다 없어지면 생기는 감정이다. 친구와 편의점 앞에서 맥주 마시는 게 낙이었던 사람이 사회적 거리 두기 때문에 더 이상 그런 행위를 할 수 없을 때 일어나는 것은 상실감이다. 이 둘을 잘 구분해야 한다. 불편한 마음을 해소하려면 불편의 원인을 제거하면 된다. 신발 속 돌을 빼내는 것이다. 상실감은 다르다. 더 이상 편의점 앞에서 친구와 맥주를 마실 수 없어 생긴 상실감은 편의점 대신 집에 홈바를 만드는 게 방법이다.

　인간은 만족보다는 불안을 잘 느낀다. 뭔가 싸한 느낌, 께름칙한 기분, 찝찝한 감정, 뭔가 좋지 않은 기운 등등. 감각은 정밀한 안테나처럼 작동한다. 근데 만족은 다르다. 살면서 "됐어. 이 정도면 충분해."와 같은 만족을 느끼는 경우는 별로 없다. 늘 부족한 느낌에 조금 더 손을 보다 나빠지는 경우가 많다. 그만큼 인간은 만족을 모르고 끊임없이 탐욕을 부린다. 끝까지 이윤을 추구하고 권력의 정점까지 오르려 한다. 일반인도 그렇다. 극대화된 삶에 익숙하다. 무작정 부자가 되려다 감방까지 간다. 쉽게 만족하라는 말이 아니다. 마냥 웃으라는 말도 아니다. 만족감을 발달시키라는 것이다. 이를 위해서는 잠들어 있던 감정을 깨우고 연마해야 한다. 불안과 결핍을 잘 감지하고 정확히 이해하듯 만족감도 다른 감정처럼 잘 다뤄야 한다.

　둘째, 비대면이 우리를 변화시켰다. 대면도 좋다. 하지만 그에 못지않게 비대면을 선호하게 됐다. "자주 가는 카페에서 아는 척해서 이제는 안 가."라는 내용의 글이 인터넷에 올라왔다. 여러분은 여기에 대해 어떻게 생각하는가? 참 이상한 사람이라고 생각하는가? 그러면 당신이 이상할 확률이 높다. 많은 사람이 여기에 동의한다. 요즘 세대는 대면보다는 비대면을 선호한다. 통화보다 문자를 선호한다. 왜 그럴까? 관계에 치였기 때문이다. 인간이 관계 맺을 수 있는 사람 숫자는 150이다. 이를 '던바의 수'라고 한다. 그 이상이 되면 힘들다. 근데 기술의 발달로 그 숫자가 급격하게 늘고 있다. 관계 때문에 좋은 게 아니라 관계 때문에 힘들다. 그래서 나온 말이 '관태기'다. 관계와 권태기를 줄인 말인데 관계에 지쳤다는 말이다. '티슈인맥'이란 말도 나왔다. 한 장 뽑아 쓰고 버리는 티슈 같은 일회성 인간관계를 일컫는 말이다. 택시를 싫어하는 사람이 많다. 그 이유 중 하나가 기사가 자꾸 말을 걸고 관계를 맺으려 하기 때문이다. 우버가 성공한 원인 중 하나는 목적지를 설정하면 운전기사와 얘기하지 않아도 되기 때문이다. 관계에 지친 현대인은 비대면을 원한다. 같이 있는 것도 좋지만 그 못지않게 고독도 원하는 것이다.

셋째, 마스크에 관한 생각이다. 팬데믹 이후 우리는 늘 마스크를 썼는데 그것이 사람들에게 많은 영향을 미쳤다. 마스크를 불편하게 생각하는 사람도 있지만 마스크를 좋아하는 사람도 많다. 자신이 누구인지 감출 수 있기 때문이다. 가면 증후군$_{\text{Imposter syndrome}}$이란 말이 있다. 자신이 이룬 성공으로 얻은 부와 명성이 사실은 운에 의한 것이며 스스로 과대평가받고 있다고 생각하는 것을 뜻한다. 그 안에는 극심한 불안이 있다. 가장 큰 원인은 과도한 노출이다. 자신의 모든 점이 노출된 것에 불안을 느끼는데 마스크 덕분에 노출을 줄일 수 있어 좋다는 것이다. 마스크는 가면이다. 얼굴을 감추기 위해 나무나 천으로 얼굴을 가리는 물건이다. 또 다른 의미는 얼굴 생김새다. 마스크는 얼굴을 가리키는 말이다. 가난하고 이동이 적은 집단일 경우 가까운 친구와 동료에게 시간과 노력을 집중한다. 그래야 안전하기 때문이다. 부유하고 이동이 많은 시대에는 다르다. 이는 오히려 독이 된다. 다양한 사람들에게 시간과 에너지를 써야 더 많은 기회를 가질 수 있고 창의성을 발휘할 수 있고 행복해질 수 있다.

넷째, 불안의 시대에는 행복의 개념도 달라진다. 행복과 관련해 가장 유명한 연구는 하버드대학교 졸업생을 대상으로 한 '그랜드 스터디'다. 졸업생 수백 명을 몇십 년에 걸쳐 조사하면서 무엇이 행복에 영향을 끼치는지를 연구했고 그 결과 나온 행복 공식이 페르마$_{PERMA}$다. 긍정적 감정$_{Positive\ Emotion}$, 몰입$_{Engagement}$, 관계$_{Relationship}$, 의미 발견$_{Meaning}$, 성취$_{Accomplishment}$의 앞 글자를 따서 만들었는데 다 맞는 말이다. 긍정적으로 자신이 하는 일에 몰입하고 좋은 관계를 맺고 의미를 발견해 성취를 이뤄낸 사람이 행복하다는 것이다. 근데 과연 지금도 그게 유효할까? 난 동의하지 않는다. 관계가 늘 좋기만 한 건 아니다. 좋은 관계를 유지하는 것만큼이나 나쁜 관계에서 해방되는 일도 중요하다. 관계로 행복할 수도 있지만 관계 때문에 힘든 사람도 많다. 관계의 숫자보다 관계의 질이 중요하다.

이상은과 김경일의 공저 『적정한 삶』에 나오는 내용이다. 앞을 못 보는 사람은 시각장애인, 듣지 못하는 사람은 청각장애인이다. 그렇다면 감정을 못 읽는 사람을 뭐라고 할까? 감정장애인이다. 자기감정이 어떤 상태인지 모르는 사람이다. 행복한지 불행한지, 불편한지 편한지 인지하지 못하는 것이다. 자기감정을 못 읽으니 남의 감정 또한 읽지 못하면서 자꾸 분란을 일으킨다. 마음의 평화를 얻고 싶은가? 그러면 자기감정을 읽고 남의 감정을 읽어라. 언제 불편하고 언제 편한지 당신 마음속을 들여다보라.

지나치게 보다 부족하게 갖기

1965년 롤링스톤스의 믹 재거는 「만족할 수 없다 can't get no satisfaction」란 곡을 발표한다. 그 말처럼 그는 평생 4만 명에 가까운 여성을 만났다고 한다. 2013년 그의 전기를 담당한 작가의 말이다. 그 말은 누구에게도 만족하지 못했다는 뜻인데 왜 그랬을까? 바로 도파민 때문이다. 인간은 더 많은 것, 더 자극적인 것, 더 놀라운 것을 찾아 헤맨다. 또 그것을 얻은 후에는 곧 싫증을 낸다. 사랑과 중독, 권력과 행복에 이르기까지 인간 본성의 모든 면에 영향을 미치는 호르몬이 바로 도파민이다.

도파민은 생존과 번식에 유리하도록 행동을 부추긴다. 식량을 많이 구하고 짝짓기를 잘하며 경쟁에서 이길 수 있도록 인간을 돕는다. 배가 고프지 않아도 맛난 걸 보면 먹는다. 먹을 게 없어 허다하게 굶어 죽었던 원시시대의 흔적이다. 도파민은 생존에 필요한 무언가가 출현하면 바로 경보를 울린다. 나중 일을 신경 쓰는 대신 지금 당장 뭔가를 하게끔 지시한다.

태생적으로 도파민이 많은 사람이 있다. 사이클 선수 랜스 암스트롱이 그렇다. 그는 1999년 암을 이기고 복귀해 투르 드 프랑스에서 우승한 후 7년 연속 투르 드 프랑스의 왕좌를 지킨다. 그러다 2012년 타이틀을 모두 박탈당한다. 금지약물을 복용한 사실이 들통났기 때문이다. 왜 그런 짓을 했을까? 성공에 너무 취했기 때문이다. 그는 도파민의 화신이다. 도파민에 양심 따위는 없다. 도파민은 불굴의 노력을 할 수 있게 하지만 기만과 폭력 역시 도파민의 산물이다. 승리욕은 식욕과 성욕과 더불어 성공적 진화를 위한 3대 요소다. 도파민의 쾌감은 소소하고 은근한 현재 진행형 기쁨과는 완전히 다르다. 대회 하나를 정복하는 건 별 의미가 없다. 7년 연속 우승이라는 대기록도 성에 차지 않는다. 이처럼 승리는 마약만큼이나 중독성이 강하다. 도파민이 과하면 성취중독자가 되는데 이들은 목표에만 매달린다. 현재에 만족하지 못하고 앞만 보고 달린다. 미친 듯 일한다. 하지만 어떤 성과에도 기뻐하지 않는다. 목표를 달성한 후에도 거기에 만족하지 않는다. 다음 목표를 세우고 거기에 매진한다. CEO 중에 성취중독자가 많다.

뭐든 지나치면 좋지 않다. 도파민도 그렇다. 조현병은 도파민 과잉으로 인한 정신질환이다. 환각과 환청과 망상이 나타난다. 환각은 존재하지 않는 걸 보는 것이고 환청은 없는 소리를 듣는 것이다. 망상은 말도 되지 않는 걸 굳게 믿는 것이다. 예를 들어 외계인이 내 뇌에 컴퓨터 칩을 심었다는 이야기 같은 것이다. 조현병 환자는 도파민 수용체를 차단하는 약을 먹는다. 이들은 별것 아닌 일에 신경을 쓰고 말을 두서없이 한다. 머릿속 생각을 숨고 없이 입 밖에 내고 화제가 왔다 갔다 한다. 당연히 이들이 하는 말은 알아듣기 어렵고 대화하기가 쉽지 않다. 사실 이건 정신질환자만의 현상은 아니다. 천재적 예술가, 시인, 과학자도 비슷한 현상을 보인다.

도파민은 위력적이라 조절 장치가 필요하다. 또 다른 도파민이다. 도파민은 도파민으로 치료해야 한다. 도파민은 욕망을 불러일으킨다. 하지만 그 욕망을 억누르는 것 역시 도파민이다. 액셀에는 브레이크가 있어야 하듯 뇌에도 서로를 반대하는 회로가 존재한다. 도파민의 통제 회로는 전두엽에 있는 신피질$_{neocortex}$이다.

인류 역사상 두 번째로 달을 밟은 버즈 올드린은 통제의 화신이다. 달에 가는 것이 어떤 느낌인지 물었다. 그러자 그는 쿨하게 이렇게 답했다. "어떤 느낌이었는지 몰라요. 아무것도 느끼지 못했어요. 조종사에게 감정은 없어요. 우리 혈관에는 얼음이 흐르고 있거든요. 겁도 나지 않았어요. 이미 착륙선 설계를 숙지하고 있었어요." 근데 그의 도파민 통제 회로는 유난히 뛰어났다. 그는 과업 완수 후 후유증으로 우울증과 알코올 중독에 빠졌다. 세 번 이혼했고 많은 자살 충동으로 정신병원에 입원까지 했다. 도파민 욕망 회로가 과하면 약물중독을 일으키듯 도파민 통제 회로가 지나쳐도 이 역시 문제가 된다.

도파민에 빠진 인간에는 세 종류가 있다. 첫째, 충동적 쾌락에 끌려다니는 유형이다. 둘째, 정서적으로 고립된 채 목표와 계획만 바라보고 직진하는 유형이다. 야근과 주말 근무를 자청한다. 셋째, 사회성이 크게 떨어져 가벼운 자폐증을 보인다. 늘 자신만의 세계에 빠져 있다. 이 세 유형의 공통점은 현재를 즐기는 대신 미래를 만드는 데 온 에너지를 쓴다는 것이다.

도파민은 천재들에게 많다. 아니, 도파민 덕분에 천재적인 창의력을 갖게 된 것일지 모른다. 하지만 모든 일에는 대가가 따른다. 도파민을 지나치게 쓰면 항진된다. 도파민이 항진된 천재는 정신질환자가 되기 쉽다. 예술가 중 정신질환자가 많은 것도 이 때문이다. 연예인의 이혼율이 높은 것도 바로 도파민 때문이다. 도파민은 쾌락과 관련한 호르몬으로 알려졌지만 그렇지 않다. 미래에 일어날지도 모르는 예측 불가능한 행운에 현재를 몽땅 재물로 갖다 바치게 만드는 뇌 속 조종자다. 천재를 만들지만 자칫하면 미치광이나 중독자가 될 수도 있다. 과유불급過猶不及이다. 뭐든 지나치면 안 된다. 지나친 것보다는 부족한 것이 낫다. 도파민 덕분에 지금까지 성공했을지라도 지나친 도파민으로 인해 여러분이 위험해질 수도 있다.

대니얼 리버먼과 마이클 롱의 공저 『도파민형 인간』에 나오는 내용이다.

남들 다 했어도 나는 하지 않기

여러분은 행복한가? 어떤 조건이 충족되면 행복할 걸로 생각하는가? 혹시 그런 날이 오기는 올까? 모든 불행의 근본은 욕심이다. 너무 많이 먹는 것, 너무 부자가 되려는 것, 너무 내 말만 하려는 것, 명예를 지나치게 쫓는 것, 좋은 자리에 너무 오랫동안 있으려는 것, 인기에 연연하는 것 등등. 이 모든 게 욕심이다. 그렇다면 어떻게 해야 행복할 수 있을까? 바로 절제다. 행복은 절제에서 온다. 절제는 행복의 필수조건이다.

"나는 무엇이든 이겨낼 수 있다. 단 하나, 유혹만 빼고." 오스카 와일드의 말이다. 주변에는 정말 많은 유혹이 있다. 그래서 '포모FOMO, Fear Of Missing Out'라는 말도 생겼다. 무언가 놓칠지도 몰라 두렵다는 말이다. 어떻게 하면 절제된 삶으로 행복을 추구할 수 있을까? 다음 다섯 가지 방법을 소개한다.

첫째, 선택지를 줄이는 것이다. 무한한 가능성을 가졌다는 말을 자주 한다. 그래서 뭐든 도전하고 해보려고 한다. 근데 그게 사실일까? 그렇지 않다. 잘못된 가정이다. 무한한 가능성을 가졌다는 건 뒤집어 생각하면 별다른 가능성이 없다는 말과 통한다. 그 누구도 무한한 가능성은 가질 수 없다. 물론 더 많은 선택권을 가질 수는 있다. 무언가를 하는 것도 중요하지만 무언가를 하지 않는 것도 그 이상으로 중요하다. 남들이 한다고 나까지 할 필요는 없다. 아니, 남들이 다 해서 나라도 하지 않는 것이 절제다. 절제에 도움이 되는 방법은 선택의 자유를 자발적으로 줄이는 것이다. 만족스럽지 않은 부분도 인정하고 받아들이는 것이다. 최고만 추구하는 대신 그럭저럭 괜찮은 것을 찾는 것이다. 기대치를 낮추는 것이다. 주변 사람들에게 관심을 덜 기울이는 것도 방법이다.

둘째, 진짜 원하는 것 하나만 바라야 한다. 너무 많은 걸 바라는 대신 정말 원하는 것 하나만 바라는 것이다. 어떤 욕망을 지니고 있는가? 욕망이 없다고? 그건 곤란하다. 만약 욕망이 없다면 몸도 마음도 피폐해질 것이다. 대부분 사람은 원하는 걸 성취하지 못해서가 아니라 욕망이 없어서 힘들어한다. 삶에서 욕망은 정말 중요하다. 근데 선한 걸 욕망해야 한다. 욕망할 걸 욕망해야 한다. 흔히 당신이 원하는 것을 원하는 장소에서 원하는 사람과 함께 원하는 만큼 하라고 말한다. 근데 전제조건이 되는 질문이 있다. 원하는 게 선한 것이어야 한다. 욕망은 중요하다. 하지만 그 욕망이 선해야 한다. 선을 추구하는 것은 그 자체로 보상이고 목적이다. 진심으로 선을 행하려는 사람은 거기서 자유를 얻을 수 있다.

셋째, 기뻐하고 감사해야 한다. 인간은 관계 속에서 존재한다. 타인은 추상적 타자가 아니다. 관계를 맺고 주고받는 구체적인 개인이다. 이게 상호의존성이다. 관계망이 잘 작동하려면 구성원 모두 절제의 기술을 배워야 한다. 신중하게 행동하고 타인의 말을 경청하고 때론 뒤로 물러설 수 있어야 한다. 말을 삼가는 방법도 배워야 한다. 그래야 남의 말을 잘 들을 수 있다. 고통은 말하는 능력에서 나오는 게 아니라 침묵하지 못하는 무능력에서 나온다. 절제와 품성은 같은 말이다. 좋은 품성은 자기 충동에 저항하는 것이다.

넷째, 단순하게 살아야 한다. 절제는 단순한 삶의 핵심이다. 개인의 행복을 위해서도, 지속할 수 있는 사회를 위해서도 단순하게 사는 건 매우 중요하다. 근데 단순하게 살기는 절대 단순하지 않다. 단순한 삶의 대표는 독서다. 독서는 여유가 있어야 가능하고 교육이 필요하다. 분주하고 정신없이 사는 건 절제하지 못하기 때문이다. 쓸데없는 일과 쓸데없는 만남에 너무 많은 에너지를 쓰기 때문이다. 절제해야 자유를 얻을 수 있다. 자유에는 소극적 자유와 적극적 자유가 있다. 소극적 자유는 말 그대로 다른 사람의 간섭을 받지 않을 자유다. 적극적 자유는 읽고 쓰고 계산하고 추론하고 민주주의에 참여함으로써 자신뿐만 아니라 공동체의 삶을 기꺼이 책임지는 것이다. 성숙한 시민의식, 통찰력, 비판의식이 필요하다. 연대 의식도 필요하다. 연대 의식은 더 힘든 상황에 있는 다른 사람을 위해 내 앞에 놓인 무언가를 기꺼이 내려놓는 마음이다. 아무것도 포기하지 않으면 결국 모든 걸 포기해야 할 것이다.

다섯째, 기쁜 마음으로 뒤처질 수 있어야 한다. '조모JOMO, Joy of

Missing Out'다. 기쁜 마음으로 뒤처진다는 뜻인데 이의 반대말이 '포모'다. 모든 걸 다 할 수는 없다. 어떤 선택을 하든 필연적으로 다른 무언가는 놓치기 마련이다. 뭐든 한계가 있기 마련이다. 한계 없는 자유는 우리를 해방하는 대신 마비시킨다. 자유로워 보이는 예술도 그러하다. 예술도 규칙이 있을 때 비로소 예술의 자유가 존재한다. 예술은 감정의 발산이 아니다. 삶을 탐색하고 이해하려는 시도다. 레트는 예술 활동을 네 단계로 정리했다. 분야를 찾는다, 한계를 설정한다, 조사한다, 쓴다. 인생은 세상을 공부하고 배워가는 과정이다. 일종의 프로젝트이고 실존의 미학이다. 자기 삶을 하나의 예술작품으로 여겨야 한다.

절제해야 오랫동안 누릴 수 있다. 술을 오랫동안 먹고 싶으면 절제해야 한다. 음식도 그렇다. 말도 그렇다. 생각나는 대로 뭐든 쏟아내면 결국 그 사람은 그 말 때문에 후회할 일이 생기게 마련이다. 뭐든 절제해야 한다. 그래야 행복할 수 있고 그 행복을 오랫동안 누릴 수 있다. 『역경』에 '지족자부知足者富, 지족불욕知足不辱, 항용유회亢龍有悔'라는 말이 나온다. 만족하는 사람이 참 부자다, 만족하는 사람은 욕을 보지 않는다, 끝까지 올라간 용은 후회하게 될 것이라는 뜻이다.

스벤 브링크만의 저서 『절제의 기술』에 나오는 내용이다.

마음에 식스팩 만드는 훈련하기

맘에 들지 않는 상황이 펼쳐졌을 때 무슨 생각을 하는가? 언제 행복하고 언제 불행한가? 행복을 좌우하는 것이 뭐라고 생각하는가? 혹시 사는 게 힘들고 짜증 나고 맘에 들지 않아 이마에 늘 '내 천川' 자를 그리고 살고 있지는 않는가? 어떤 상황이 펼쳐지면 만족하겠는가? 그런 시간이 오기는 할까? 살면서 가장 중요한 건 자기 생각, 믿음, 가치관이다. 자기 생각과 믿음을 주기적으로 점검해야 한다. 그게 잘못되어 있으면 늘 힘들고 불행하다.

여러분의 철학은 무엇인가? 어떤 가치관과 믿음을 갖고 있는가? 철학은 자신에게 행하는 의술이다. 철학은 영혼을 위한 의술이다. 내가 무엇을 믿는지, 무엇에 가치를 두는지, 무엇을 추구하는지, 그 믿음이 이치에 맞는지를 묻는 것이 바로 철학이다. 철학은 '마음의 식스팩을 만드는 훈련'이다. 윤리도 그렇다. 윤리라는 영어 단어 에식스ethics는 고대 그리스어로 습관을 뜻하는 에토스ethos에서 유래했다. 도덕적 품성의 많은 부분이 습관으로 이루어졌다는 말이다. 노력하면 얼마든지 바꿀 수 있다.

여기에 대해 심리학자 대니얼 카너먼은 듀얼 프로세스를 소개한다. 인간에게는 두 가지 사고 체계가 있다는 것이다. 하나는 습관에 기초해 자동으로 일어나는 사고 체계다. 다른 하나는 의식적이고 합리적인 사고 체계다. 의식적 사고는 자동적 사고에 비해 느리고 에너지를 많이 쓴다. 철학으로 삶을 바꾸려면 둘 다 이용해야 한다. 먼저 습관적 사고를 의식하고 의식한 걸 다시 습관으로 만드는 이중 처리 과정이 필요하다. 철학은 추상적 사고의 과정이 아니라 실천이다. 의사의 말을 듣기는 하지만 의사가 하라는 건 하나도 하지 않는 환자처럼 이론 속으로 도망가선 안 된다. 철학은 훈련이다. 연습할수록 쉬워지는 정신적 운동이다. 반복적 운동으로 근육을 강화하듯 도덕적 근육도 그렇게 훈련해야 한다.

역경에 대한 태도를 회복탄력성이라고 부른다. 회복탄력성이 높은 사람은 역경을 딛고 재기에 성공한다. 하지만 회복탄력성이 약한 사람은 같은 역경 앞에서 무릎을 꿇는다. 회복탄력성은 배울 수 있다고 한다. 미국에는 회복탄력성을 가르치는 프로그램이 있는데 프로세스는 이렇다. 가장 먼저 자기 믿음을 살펴본다. 상황에 대한 자기 믿음과 해석이 어떻게 감정으로 이어지는지를 보는 것이다. 다음에는 이 믿음이 제대로 된 것인지 따져보고 필요한 경우 다른 믿음으로 대체한다. 감정은 믿음에서 나와서 감정이 나를 통제하기 전에 먼저 내가 감정을 통제하는 것이다.

이라크에 포로로 끌려가 갖은 고초를 겪다 회복탄력성을 가르치는 강사가 된 론다 코넘은 이렇게 말한다. "저는 마주치는 모든 문제에 같은 방식으로 접근했습니다. 시험에 떨어지든, 총격을 당하든, 포로가 되어서 고문을 당하든 바로잡을 수 있는 건 바로잡고 바로잡을 수 없는 것에 대해서는 불평하지 않았습니다. 우리가 불행한 이유는 두 가지 때문입니다. 통제할 수 없는 걸 통제하려 하고, 통제할 수 있는 우리 생각에 대해서는 책임지지 않기 때문입니다." 결국 회복탄력성을 높이기 위해서는 우리가 가진 믿음이 제대로 된 믿음인지를 확인하라는 것이다. 여러분의 믿음을 점검해야 한다.

이를 위해서는 고대 그리스와 로마의 철학자 에픽테토스의 철학이 도움이 된다. 에픽테토스는 노예였다. 자기 힘으로 할 수 있는 일이 거의 없었지만 늘 어떻게 하면 영혼의 주인으로 살 수 있을까 고민했다. 그가 생각한 방법은 단순하다. 우선 세상일을 통제할 수 있는 것과 통제할 수 없는 걸로 구분한다. 통제할 수 없는 건 신경 끄고 통제할 수 있는 것에만 신경 쓰는 것이다. 근데 통제할 수 없는 건 어떤 것일까? 몸, 재산, 명성, 직업, 부모, 친구, 동료, 상사, 날씨, 경제, 과거, 미래, 죽을 거라는 사실 등 대부분이다. 반대로 통제할 수 있는 건 무얼까? 단 하나뿐인데 바로 자기 믿음이다. 자기 생각과 믿음만은 선택할 수 있다. 이게 인간의 자유, 자율성, 자주권의 기초다. 아무도 자신의 믿음을 빼앗을 수 없다. 근데 인간은 통제할 수 없는 걸 통제하려 하고 자기 생각과 믿음에는 책임지지 않기에 불행하다.

자신이 가진 믿음에 대해 질문해야 한다. 내가 어떤 믿음을 가졌는지, 그 믿음이 제대로 된 믿음인지 따져봐야 한다. 대부분 사람은 자기 믿음에 대해 의심하지 않는다. 그럼 안 된다. 의심해야 한다. 그래야 변화할 수 있다. 만약 내 믿음이 잘못이라는 사실을 알면 해법은 간단하다. 잘못된 믿음을 제대로 된 믿음으로 교체하는 것이다. 근데 실제는 어떤가? 다른 사람과 환경에 대해서는 늘 의심하지만 자기 생각에 대해서는 확신으로 넘친다. 남을 보면서는 '쟤는 왜 저래?'라고 생각한다. 하지만 자신은 의심하지는 않는다. 반대로 생각해야 한다. '내 생각이 잘못된 건 아닐까? 내 믿음이 옳다는 증거가 있을까? 내 믿음이 잘못이라면 어떤 믿음을 가져야 할까?' 그러면 삶이 바뀔 것이다.

여러분의 좌우명은 뭔가? 자주 인용하는 격언이나 금언은 무엇인가? 난 '뿌린 대로 거둔다.' '고통 없이는 얻는 것도 없다.' '세상에 공짜 점심은 없다.' 등이 있다. 만약 뚜렷한 게 없다면 이번 기회에 여러분만의 금언을 학습해 생활하길 권한다. 그게 때로 여러분을 살릴 수 있다. 제임스 스톡데일은 베트남 포로로 7년을 지냈다. 고문을 15번 이상 받고 4년 넘게 독방 생활을 하고 2년 이상 다리에 족쇄를 차고 지냈다. 그가 극도의 조건에서 살아남을 수 있었던 건 바로 고대 철학 덕분이었다. 그는 항공모함에서 근무할 때 에픽테토스의 책을 비롯해 많은 책을 읽었고 금언을 외우고 소화했다. 예를 들어 이런 식이다. "너 자신을 알라. 삶은 네가 생각하는 대로 펼쳐진다. 네게 어떤 일이 일어나는지가 아니라 그 일에 네가 어떻게 대응하느냐가 중요하다. 아무도 네 허락 없이 너를 해칠 수 없다. 역경은 그 사람이 어떤 사람인지 보여준다." 금언은 의식적으로 생각할 것을 자동으로 생각하게 한다. 뇌신경으로 이어지는 지름길이고 컴퓨터 바탕화면의 바로가기와 같다.

일체유심조─切唯心造는 모든 건 생각하기 나름이란 말이다. 천국과 지옥도 결국 우리가 가진 믿음에서 비롯된다. 어떤 일 때문에 행복한 것이 아니고 그 일에 대한 내 믿음과 생각이 나를 행복하게 하는 것이다.

줄스 에반스의 저서 『삶을 사랑하는 기술』에 나오는 내용이다.

나의 몸과 마음부터 갈고닦기

'수신제가修身齊家 치국평천하治國平天下'를 귀에 못 박히도록 들으며 살아왔다. 자기 몸과 마음을 갈고닦고 가정을 다스린 이후에 밖으로 나가서 나라를 다스리고 천하를 평정하라는 말이다. 하지만 어떻게 몸과 마음을 갈고닦을지는 별달리 고민하지 않는다. 그보다는 다른 사람을 지적하고 평가하는 데 많은 시간을 쓴다. 근데 '수신修身'이란 무엇일까? 수신은 수정守靜, 존양存養, 자성自省, 정성定性, 치심治心, 신독愼獨, 주경主敬, 근언謹言, 치성致誠이라는 아홉 가지 영역으로 나누어 설명할 수 있다. 그중 몇 가지를 살펴보자.

첫째, 수정守靜이다. 고요히 앉아 마음속을 들여다보는 힘을 말한다. 현대인은 너나 할 것 없이 바쁘게 일할지라도 마음은 늘 불안하다. 혼자 있는 시간을 견디지 못하고 고요함을 힘들어한다. 그래서는 발전하지 못한다. 잔잔한 물에서만 반짝이는 달과 별이 보이는 것처럼 마음이 평온하지 못하면 생명의 참뜻을 이해할 수 없고 인생의 오묘한 이치를 깨달을 수 없다. 가만히 앉아 마음을 들여다볼 수 있어야 한다. 스마트폰을 보는 대신 자기 마음을 보아야 한다. 그래야 수신할 수 있다. 정좌는 단순히 가만히 앉아 있는 것을 뜻하지 않는다. 정좌 전에 마음을 준비하고 일정한 목표를 갖는 것이 좋다. 자기 마음을 어떻게 안정시킬 것인지, 내 문제가 뭐고 그 문제를 어떻게 극복할 것인지 등등. 고요한 뒤에 안정이 오며 안정해야 생각할 수 있다. 생각해야 얻을 수 있다.

둘째, 존양存養이다. 마음을 쏟아 자신을 기르는 힘이다. 존은 보존이고 양은 양생을 뜻한다. 말, 행동, 음식, 생활은 모두 심오한 양생의 원리가 들어 있다. 양생의 도를 이해하면 지금과 같이 과도하게 소진하는 삶의 방식을 선택하지 않는다. 한계를 넘어서는 일로 건강을 해치지도 않는다. 양생은 생명을 보존하고 생명에게 양식을 공급하는 행위다. 생명의 리듬을 파악하고 심신이 조화로운 상태를 유지하게 하는 것이다. 인격 성장은 갑자기 되지 않는다. 충분한 시간과 과정이 필요하고 항심과 의지력이 필요하다.

셋째, 자성自省이다. 나를 허물고 한계를 뛰어넘는 힘이다. 요즘 자신을 돌아보는 현대인은 별로 없다. 바쁘기 때문이다. 의미 있는 인생을 살기 위해서는 자신을 돌아볼 수 있어야 한다. 바쁜 생활 속에서도 짬을 내 자신을 반성하고 점검할 수 있다면 잘못을 저지를 확률이 줄어든다. 병은 남이 보지 못하는 곳에서 생기고 남들이 볼 수 있는 곳에서 드러난다. 문제의 근원은 마음속 깊은 곳에 숨어 있는데 드러날 때쯤이면 이미 걷잡을 수 없이 커진 후다. 그래서 수시로 내 마음을 들여다보아야 한다.

넷째, 정성定性이다. 고난 속에서도 나를 지키는 힘이다. 현대인은 탈진에 시달린다. 탈진은 개인의 능력과 자원을 넘어서는 외부 세계의 과도한 요구에 대응할 수 없을 때 나타나는 현상이다. 의욕 상실, 무관심, 성취감 저하로 나타난다. 정성은 고난 속에서 나를 지키는 힘이다. 이를 위해서는 멈춤과 일을 통해 갈고닦는다는 재사상마在事上磨의 자세가 필요하다. 번뇌의 대부분은 재색명위財色名位의 네 가지 욕구에서 나온다. 인간인 이상 욕망을 버릴 수는 없다. 유교는 욕망을 버리라고 얘기하지 않는다. 대신 절제하라고 가르친다. 욕망을 다스리지 못하면 결국 자신이 상한다. 먹고 마시지 않고는 살 수 없다. 하지만 먹고 마시는 것과 폭음과 폭식은 다른 얘기다. 핵심은 절제다.

다섯째, 치심治心이다. 자신을 살펴 하늘의 기운을 얻는 힘이다. 배움의 목표는 잃어버린 마음을 찾는 것이다. 어느 사회나 생존 스트레스와 격렬한 경쟁이 있다. 다만 같은 상황에서 다른 처리 방식을 갖고 있을 뿐이다. 속세를 벗어나 안빈낙도하라는 게 아니다. 바쁜 와중에도 좋은 심성을 유지하고 유유자적하고 초탈한 마음으로 일할 수 있어야 한다는 것이다. 마음이 왜 피로할까? 몸이 바쁘기 때문만은 아니다. 대부분 근심을 떨쳐버리지 못하기 때문이다. 근심을 버리지 못하는 건 세속적 욕망과 스트레스 때문이다. 본심을 잃었기 때문이다. 학문의 목표는 본심을 다시 찾는 데 있다. "사람이 닭이나 개를 잃어버리면 곧 찾을 줄 아나 잃어버린 마음은 찾을 줄 모른다. 학문의 도는 다른 것이 아니다. 그 잃어버린 마음을 찾는 것뿐이다."

맹자가 주장하는 구방심救放心이다. 방심은 잃어버린 마음이다. 학문의 도는 다른 것이 아니라 잃어버린 마음을 찾는 것이다.

여섯째, 신독愼獨이다. 철저하게 자신과 마주하는 일이다. 현대인의 병은 혼자 있지 못하는 데서 유래한다. 혼자 있는 시간도 없고 혼자 있어도 자신과 대면하지 못한다. 당연히 자기 내면세계에 대해 진지하고 꼼꼼하게 반성하지 않는다. 내면의 문제를 그때그때 해결하지 못하기 때문에 문제가 생긴다. 생명을 위해서는 축양畜養이 있어야 한다. 축양은 모으고 기르는 것을 뜻한다. 어둠 속에서 은밀히 힘을 기르고 정신을 모으고 기르는 것이 신독이다. 벌레는 앞으로 나가기 위해 먼저 자기 몸을 수축시킨다. 뱀은 겨울잠을 잔다. 그래야 다음 해에 활동할 수 있다. 정신 활동이 활발해지려면 혼자만의 시간이 필요하다. 혼자 돌아보고 힘을 기르고 생각해야 한다.

수신을 위해서는 근언謹言도 필요하다. 눈을 감아야 정신을 가다듬을 수 있고 입을 닫아야 재앙을 예방할 수 있다. 닫는 게 이렇게 중요하지만 우리는 항시 열려고 한다. 말하기 전에 늘 세 개의 체로 쳐 보아야 한다. 진실의 체, 선의의 체, 중요함의 체가 그것이다. 정민 교수의 저서 『일침』에 나오는 내용이다.

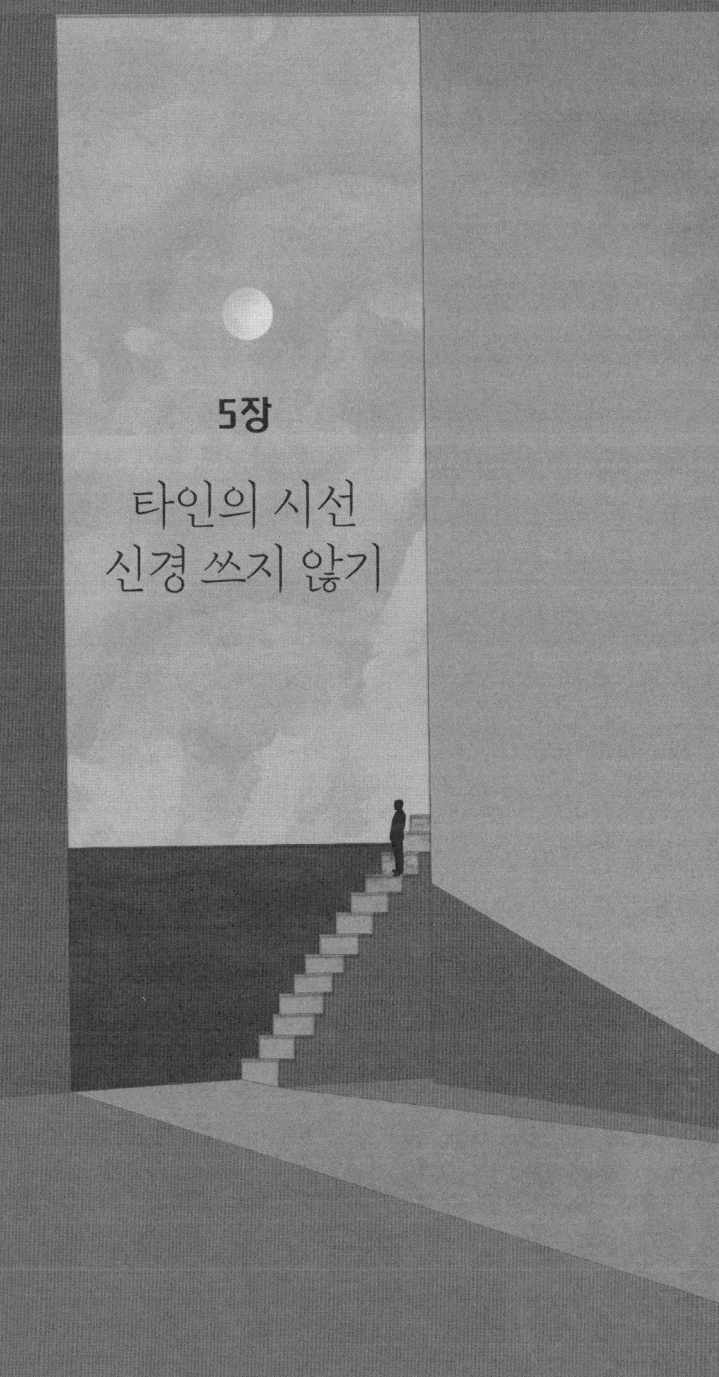

5장
타인의 시선 신경 쓰지 않기

사건과 사물을 있는 그대로 보기

요즘 어떤 고민을 하고 있는가? 너무 고민이 많아 사는 게 힘이 드는가? 그 고민을 없애기 위해 어떤 노력을 하고 있는가? 세상에 고민 없는 사람이 있을까? 아마 갓난아이와 죽은 사람을 제외하곤 없을 것이다. 아니, 갓난아이도 말을 못 해서 그렇지 나름의 고민이 있을 수 있다. 그렇다면 이런 고민을 없애는 최선은 무엇일까? 방법 하나는 바로 쓸데없이 반응하지 않는 것이다.

인생은 고해다. 고민의 연속이다. 고민을 없애기 위해서는 우선 그 고민이 무언지 이해해야 한다. 고민은 어디서 나올까? 모든 고민은 바라는 마음에서 나온다. 욕망과 집착에서 나온다. 고민의 이유를 알기 위해서는 자기 마음을 들여다볼 수 있어야 한다. 마음 상태를 살피는 세 가지 방법이 있다. 말로써 확인하는 것, 감각을 의식하는 것, 분류하는 것이 그것이다. 말로써 마음을 확인하는 일을 두고 라벨링이라 부른다. 마음 상태에 이름을 붙여 객관적으로 이해하는 것이다. "내가 화가 났구나." "내가 흥분했구나." "내가 힘들구나."라고 말하는 것이다. 이렇게 자기 상태를 말로 확인하는 작업은 마음을 건강하게 하는 가장 쉬운 방법이다. 다음은 감각을 의식하는 것이다. 평소 무심하게 움직이던 몸을 제대로 의식하는 것이다. 마음 상태를 잘 살펴보고 의식하면 헛된 반응을 멈춘다. 마음이 가라앉으며 안정하고 집중하게 된다.

어떤 사람이 붓다에게 온갖 욕을 다 퍼부었다. 붓다는 어떤 반응도 보이지 않았다. 욕을 하던 사람이 이상해 붓다에게 왜 아무 말도 하지 않는지 물었다. 붓다는 "잔칫집에 가서 음식으로 가득 찬 상을 받았다. 근데 난 음식에 손도 대지 않았다면 그게 누구 음식이냐?"라고 거꾸로 물었다. 욕한 사람이 그건 주인의 음식이라고 답했다. 그러자 붓다는 "그대가 내게 한 말을 난 전혀 받지 않았다. 그러므로 그 말들은 다 당신 것이다."라고 말했다. 보통 사람이라면 화를 낼 법한 말에 무반응으로 응수한 것이다. 쓸데없이 반응해 마음을 어지럽히는 일은 무의미하다고 생각했기 때문이다. 불교에서 얘기하는 승리는 상대를 이기는 것이 아니다. 상대에게 반응해서 마음을 빼앗기지 않는 것이다. 우리가 너무 쉽게 세상만사에 반응하고 그러면서 심신이 피폐해지는 것은 아닐까? 반응하지 않는 연습이 필요하다.

고민을 없애는 최선 중 하나는 사물을 있는 그대로 보는 것이다. 판단이나 견해를 없애고 사건이나 사물을 있는 그대로 받아들이는 것이다. 대부분 사람은 반대로 한다. 성공한 사람일수록 자기주장이 강하다. 늘 모든 일을 판단하고 모든 일에 자기주장이 확실하다. 그 주장을 바탕으로 다른 사람 인생에 참견한다. 또 남의 판단에 내 기분이 좌우되기도 한다. 왜 그럴까? 판단 자체가 기분을 좋게 만들기 때문이다. 인정받는 기분이 들기 때문이다. 판단하는 마음에는 모든 일을 안다는 기분 좋음과 인정욕구를 채우기 위한 쾌락이 존재한다. 단정 짓기, 선입견, 일방적 기대와 요구 같은 판단은 일종의 집착이다. 괴로움은 판단과 집착에서 나온다. 하지만 내 판단이 옳다고 확신할 수 있는가? 옳다는 근거가 있는가? 코끼리 일부를 만진 후 코끼리의 전부를 아는 것처럼 생각하는 시각장애인일 수 있다. 고민의 이유 중 하나는 지나친 판단이다. 사람은 다양하다. 처한 상황, 그 상황을 보는 시각, 해결 방안이 모두 다를 수밖에 없다. 모두 삶의 일부밖에 보지 못한다. 그럼에도 삶의 모든 면을 이해했다는 착각에 빠져 함부로 판단하고 비난하고 자기주장을 내세운다. 내 판단을 조심해야 한다. 남들 판단에 쉽게 흔들리지 말아야 한다.

다른 사람 눈을 많이 의식하며 사는가? 다른 사람 의견에 일희일비하는가? 남들과 비교하면서 스트레스를 받는가? 꽤 많은 사람이 그렇게 살고 있다. 왜 그럴까? 비교가 좋지 않다는 얘기는 수없이 듣는다. 하지만 막상 이를 실천하는 것은 쉽지 않다. 비교를 통해 얻는 것이 있기 때문이다. 비교의 밑바닥에는 인정욕구가 있다. 비교하면서 '저 사람보다는 내가 낫다.' '나도 나름 괜찮은 사람이다.'라고 생각할 수 있기 때문이다. 하지만 반대의 경우가 더 많이 존재한다. '저 사람은 저런데 난 왜 이럴까?' '내 인생은 참 쓸모없다.'라고 생각할 수도 있기 때문이다. 비교를 아무리 해도 상황은 변하지 않는다. 그래서 바깥 대신 안을 들여다보아야 한다. 그게 출발점이다.

자기 마음을 제대로 보는 것이다.

내게 가장 영향을 많이 준 책 중 하나는 스티븐 코비 박사의 저서 『성공하는 사람의 7가지 습관』이다. 일곱 가지 습관 중 가장 중요한 것은 바로 주도성이다. 세상에서 일어나는 수많은 일은 내가 어떻게 할 수 없지만 그 일에 대해 어떤 반응을 선택할지는 내가 할 수 있다는 것이 핵심이다. 반응할 것인지, 반응하지 않을 것인지, 반응한다면 어떤 반응을 할 것인지가 인생의 품질을 좌우하는 셈이다.

구사나기 류슌의 저서 『반응하지 않는 연습』에 나오는 내용이다.

걱정해야 할 것은 걱정을 하자

나는 집안 형편 때문에 유학은 언감생심 꿈도 꾸지 못했다. 그런데 국비유학생 시험에 붙어 미국으로 건너갔다. 가긴 갔지만 너무 걱정이 많았다. 가장 큰 문제는 영어였다. 단 한 번도 외국인과 영어로 대화했던 적이 없었다. 책으로 배운 게 다였다. 내가 선생님이 하는 말을 알아들을 수 있을까? 다행히 견딜 만했다. 이과 강의는 수식이 많아 그런대로 이해할 수 있었다. 다음 문제는 전공이었다. 석사학위는 없었다. 하지만 연구소 경험이 3년 있어 대충 무슨 소리를 하는지는 이해할 수 있었다. 애매한 건 미국 친구에게 다시 물어서 해결했다.

근데 국비유학생 조건이 맘에 걸렸다. 국가에서 장학금을 주는 대신 다음 두 가지 경우는 고향으로 돌아가야 했다. 학기별로 B에 해당하는 학점이 두 개 이상 있는 경우와 박사 자격시험에서 떨어지는 경우가 거기에 해당했다. 처음 2년은 시험 때마다 잠을 잘 수 없었고 잠을 자도 꼭 시험에 떨어져 한국에 있는 지인을 만나는 꿈을 꿨다. "자네 유학하러 갔다면서 왜 여기 있는가?" 꿈에서 깨면 땀에 흥건히 젖어 있었다. 그때만큼 노심초사했던 적이 없었다. 내 생애 가장 걱정이 많던 시절이다.

걱정이란 무엇일까? 그때 걱정이 불필요했을까? 난 아니라고 생각한다. 걱정 때문에 악몽에 자주 시달렸다. 하지만 그 덕분에 긴장의 끈을 놓지 않았고 학위도 받을 수 있었고 내 삶의 든든한 인프라가 됐다고 생각한다. 그런 면에서 걱정에 부정적 측면만 있는 건 아니다. 걱정은 미래에 발생할 수 있는 불확실하고 부정적인 상황에 대해 느끼는 불안과 두려움이다. 키워드는 미래와 불확실성이다. 지극히 당연한 감정이다. 오히려 걱정할 걸 걱정하지 않는다면 그걸 더 걱정해야 한다고 생각한다. 문제는 지나침과 지속적인 걱정이다.

걱정은 준비 부족에 대한 무의식의 발현이다. 준비를 소홀히 한 나 스스로에 대한 무의식적 경고다. 준비를 철저히 하면 사라진다. 흔히 걱정하지 말라고 조언한다. 걱정해서 걱정거리가 사라진다면 걱정이 없겠다는 말도 한다. 과연 그럴까? 난 동의하지 않는다. 난 걱정할 건 걱정해야 한다고 생각한다. 일을 엉망으로 하고 고객이 떨어져 나가는데 걱정하지 않으면 어떤 일이 일어날까? 조만간 생계에 지장이 생길 것이다. 난 오히려 걱정하면 걱정거리가 사라지고 걱정하지 않으면 조만간 걱정할 일이 생기리란 것에 한 표를 던진다. 걱정은 우리를 지켜주는 직감이다.

근데 다음 몇 가지 걱정은 떨쳐내야 한다.

첫째, 지나친 걱정이다. '걱정은 고양이를 죽인다 Care kills the cat.'라는 영어 속담이 있다. 지나친 걱정은 도움이 되지 않는다는 말이다. 걱정도 팔자라고 한다. 왜 걱정을 할까? 본인을 위해서 하는 것이다. 어쩌면 걱정을 즐기는지도 모른다. 남을 위해 걱정하는 것 같지만 사실 그게 취미활동이다. 진정 상대를 위하기보다는 자기가 걱정하고 싶으니까 걱정한다. 불안한 사람일수록 다른 사람 걱정을 많이 한다. 서민이 재벌 걱정을 할 때 난 그 생각을 한다. 누가 누구 걱정을 하는 건지? 남에 대한 걱정은 최소화하고 자신에 대한 걱정은 최대화해야 한다.

둘째, 쓸데없는 걱정이다. 내가 생각하는 걱정은 흔들의자와 같다. 뭔가 하는 것 같지만 사실은 아무것도 하지 않는 것이다. 사람들이 걱정하는 이유는 걱정하는 것이 걱정거리를 없애기 위해 뭔가를 하는 것보다 쉽기 때문이다. 시험 걱정, 취직 걱정, 애 걱정, 나라 걱정 등 밑도 끝도 없다. 회사에서는 휴가 가서 어떻게 놀지를 걱정하고 휴가지에서는 회사에 별일 없을까를 걱정한다. 이는 휴가를 간 것도 아니고 일을 하는 것도 아니다. 걱정을 많이 하면 뭔가 한 것 같지만 사실 아무것도 안 한 것이다.

걱정하면 좋은 점도 있다. 미리 문제를 예상하고 해법을 찾을 수 있기 때문이다. 펜실베이니아대학교 심리학과 교수인 토머스 보코베치는 사람이 진화하는 과정에서 위험에 대한 예측 능력이 큰 도움을 주었다고 말한다. 걱정 그 자체는 필요하다. 중요한 건 걱정만 하는 대신 걱정거리를 없애기 위해 행동을 하라는 것이다. "걱정하지 않으면 걱정해야 한다. 걱정하면 걱정할 필요가 없다. 어떤 것이 잘못될지 모른다고 걱정하는 것은 당신을 보호한다. 걱정하지 않으면 문제에 노출되기 때문이다." 브리지워터 어소시에이츠의 레이 달리오의 말이다. 무엇을 걱정하는가? 걱정하는 대신 걱정거리를 없애기 위해 일어나 행동하라. 내가 걱정에 대해 하고 싶은 말이다.

내일 일은 내일로 미루기

걱정과 관련한 속담 일곱 가지를 소개한다.

첫째, "걱정은 흔들의자와 비슷하다. 앉아 있으면 뭔가 하는 것 같지만 사실은 어디에도 이르지 못한다." "걱정도 팔자다."라는 말을 많이 한다. 걱정을 취미생활 수준으로 하는 사람들도 있다. 무지 걱정하는 것 같지만 사실은 즐기지 않나 의심이 간다. 왜 사람은 걱정할까? 사람이 걱정하는 이유는 걱정하는 것이 문제해결을 위해 무언가를 하는 것보다 쉽고 편하기 때문이다. 걱정하고 있으면 뭔가 하고 있다는 생각이 든다.

둘째, "인간은 과로가 원인이 되어 죽지는 않는다. 그의 죽음의 원인은 바로 낭비와 번민이다." 데일 카네기가 한 말이다. 불투명한 앞날 때문에 걱정하는 사람이 많다. 그래서 뭘 하느냐고 물어보면 하는 것은 없다고 얘기한다. 그저 걱정할 뿐이다. 걱정을 많이 한다고 상황이 나아지지는 않는다. 변하는 것도 없다. 그저 건강만 상할 뿐이다. 앞날에 대해 예측하고 준비하는 것과 앞날에 대해 근심하고 걱정하는 것은 전혀 다른 차원의 얘기다.

셋째, "걱정과 싸울 줄 모르는 사람은 단명한다." 알렉시 카렐이 한 말이다. 건강에 대해 지나치게 걱정하는 것만큼 건강을 해치는 것은 없다. 걱정은 그만큼 건강에 해롭다. 그래서 『성경』에는 걱정하지 말라는 얘기가 무려 550번이나 나온다. 먹고사는 일이 걱정이라고? 절대 굶어 죽지 않는다. 쓸데없는 걱정을 붙들어 매라.

넷째, "참다운 마음의 평화는 최악의 사태를 감수하는 데서 얻어지며 이는 심리학적으로 에너지의 해방을 의미한다." 린위탕이 한 말이다. 뭔가 걱정이 될 때 "일어날 수 있는 최악의 상황은 무엇일까?"라고 스스로 물어보라. 그리고 도저히 피할 수 없는 일이라면 받아들이기로 준비하라. 일단 최악의 사태를 받아들이고 나면 그 이상의 사태는 일어나지 않는다. 밑바닥으로 떨어지고 나면 오히려 마음이 편해진다. 남은 일은 이전보다는 나아지는 것뿐이다.

다섯째, "나는 죽을 수 없다. 다음 공연이 예약되어 있기 때문이다." 코미디언 조지 번스가 한 말이다. 걱정은 한가한 사람에게 찾아온다. 별다른 걱정거리가 없어서 걱정을 사서 한다. 이런 사람은 사실 걱정을 즐기는 것이다. 그런 의미에서 걱정은 일종의 사치다. 일을 만들어라. 그리고 그 일에 몰입하라. 걱정은 멀리 사라질 것이다.

여섯째, "사람의 마음을 안정시키는 세 가지가 있다. 명곡, 조용한 풍경, 깨끗한 향기가 그것이다." 『탈무드』에 나오는 말이다. 사람을 불안하게 하는 것이 몇 가지 있다. 몰라도 좋은 사건, 사고 소식, 영양가 없는 모임이나 미팅, 시도 때도 없이 걸려 오는 휴대전화와 이메일 등이다. 세상에는 몰라도 좋을 일이 너무 많다. 모를수록 도움 되는 일도 많다. 꼭 가지 않아도 전혀 지장 없는 모임도 많다. 자신이 없으면 세상이 무너지는 걸로 생각하는 사람이 많다. 하지만 세상은 내가 없어도 잘 돌아간다. 가끔 텔레비전과 휴대전화를 끄고 혼자만의 세계에 몰입하라. 마음의 평화를 느낄 수 있을 것이다.

일곱째, "우리의 중요한 임무는 먼 곳에 있는 희미한 것을 보는 일이 아니라 똑똑하게 보이는 가까운 곳에 있는 것을 실행하는 일이다." 윌리엄 오슬러가 한 말이다. 하루 동안의 행군을 위해 평생 식량을 준비하는 사람은 없다. 그렇지만 우리는 그렇게 살고 있다. 지금은 잘살지만 앞으로 어떻게 살아야 좋을지 모르겠다며 한숨을 쉬는 사람이 많다. 왜 25년 후의 일을 지금부터 걱정해야 할까? 오늘 하루를 즐기며 살기에도 부족한 시간이다. 내일 일은 내일 고민하길 바란다.

뾰족해지지 않게 관리하기

여러분은 예민한가? 남들이 별생각 없이 한 말에 계속 신경이 쓰이는가? 별것 아닌 일로 잠을 못 자고 여러 가지 걱정을 사서 하고 늘 긴장하면서 지내는가? 여러분은 예민함에 대해 어떻게 생각하는가? 혹시 그런 예민함을 버리고 싶은가?

일단 예민함을 평가하는 다음 지표들을 살펴보라.

"배우자가 한 사소한 말에도 쉽게 화가 난다. 사람이 많은 곳에 가면 답답하다. 층간소음에 민감하다. 밤에 잠이 오지 않아 다음날 힘들 때가 많다. 다른 사람에게 폐를 끼치지 않는지 항상 걱정한다. 다른 사람에게 싫은 소리를 못 한다. 먼 미래의 일까지 미리 앞당겨 걱정한다. 큰 병이 있지 않을까 불안해한다. 소심하다는 얘기를 자주 듣는다. 문단속이 잘됐는지, 가스 불이 켜져 있지는 않는지 여러 번 확인한다. 항상 긴장 속에 산다. 중요한 일을 앞두고 설사나 변비에 시달린다. 감정 기복이 심하다. 걱정이 꼬리에 꼬리를 물고 일어난다. 자신이 싫어하는 사람이 있는 상황을 견디지 못한다. 권위적인 사람과 함께 있는 것이 불편하다. 가족이 늦게 들어오면 사고가 난 것 같아 불안하다. 배우자가 바람을 피울 것 같은 생각이 든다."

이 중 몇 개나 해당하는가?

예민함이 꼭 나쁜 건 아니다. 유명 인사 중 예민성을 잘 활용해 성공한 사람들이 많다. 스티브 잡스가 대표적이다. 그는 환 공포증trypophobia이 있다. 버튼에 대한 공포증을 말한다. 잡스는 미혼모의 아들이다. 어린 시절 자신을 거부한 어머니에 대한 분노와 두려움이 어머니의 모성을 형상하는 둥근 모양에 대한 공포에 담겨 있다. 아이폰 이전에 블랙베리에는 수많은 버튼이 있었다. 그는 이 버튼을 없애고 터치식으로 바꿔 스마트폰에 대혁명을 일으켰다. 예민함의 승리다. 윈스턴 처칠도 그렇다. 그는 자신의 우울증을 '검은 개'라 불렀고 "만약 지옥을 통과하는 중이라면 멈추지 말고 계속 가라."라는 명언을 남겼다. 그는 우울증이 올 때마다 글을 쓰고 그림을 그리며 극복했다. 우울증은 그를 깊은 생각으로 몰아넣고 글을 쓰도록 만들었다.

근데 왜 그렇게 예민할까? 이유 중 하나는 도파민, 노르에피네프린, 세로토닌이란 신경전달물질 때문이다. 세로토닌은 기분과 관련 있다. 도파민은 기쁨을 느끼고 민첩하게 움직이게 한다. 노르에피네프린은 집중력을 높이고 에너지를 증가시킨다. 신경전달물질은 균형이 핵심이다. 너무 적어도 안 되고 너무 많아도 안 된다. 또 다른 하나는 에너지다. 예민성은 에너지와 밀접한 관련이 있다. 예민한 사람들은 별거 아닌 일에 필요 이상으로 에너지를 쓴다. 다른 사람들은 신경 쓰지 않는 곳에 에너지를 쓴다. 총에너지양이 많다면 에너지를 많이 써도 상관없지만 대부분은 그렇지 않다. 에너지 부족이 예민함으로 발전하는 것이다.

그렇다면 예민함은 어떻게 조절할 수 있을까? 가장 중요한 건 에너지 관리다. 쉬운 말로 컨디션 조절이다. 에너지가 소진되기 전에 충전해야 한다. 일단 배터리 수명이 다 되면 충전에 시간이 오래 걸린다. 에너지를 충전하는 일을 많이 하고 에너지가 많이 들어가는 일을 줄여야 한다. 가장 큰 스트레스는 배우자의 죽음, 이혼, 부부간 불화다. 부부관계가 안정적이고 편안하면 큰 도움이 된다.

그 외 예민함을 줄이는 몇 가지 방법을 소개한다.

첫째, 좋은 표정과 말투를 유지하는 것이다. 기분이 좋아서 좋은 표정을 짓는 게 아니라 좋은 표정을 지으면 기분이 좋아지는 것이다. 우울하고 예민하면 나도 모르게 미간을 찌푸린다. 그 주름이 오메가 사인이다. 오메가와 비슷해 붙인 이름이다. 거울을 보면서 입꼬리를 올리며 잔잔한 미소를 지어보라.

둘째, 머리 위치를 똑바로 해보라. 우리는 자신도 모르게 자주 고개를 숙이거나 얼굴을 돌린다. 아나운서를 보라. 이들은 머리 위치와 시선이 바르다.

셋째, 위를 편안하게 하라. 위장은 뇌와 밀접한 관련이 있다. 예민하거나 불안장애가 있는 사람은 뇌에 문제가 있을 가능성이 높다. 예민한 사람은 시험, 발표, 면접 등 중요한 일정이 있을 때 검증된 음식으로 식사하는 것이 좋다. 긴장했을 때 찬 음식, 우유, 회 같은 음식은 좋지 않다.

넷째, 운동이 큰 도움이 된다. 스트레스는 지방축적과 복부비만을 유발하는데 이를 줄이기 위해 유산소 운동을 꾸준히 하는 게 좋다.

다섯째, 온전히 쉬는 능력을 길러야 한다. 쉰다는 건 몸과 정신이 완전히 이완되어 편안한 상태가 되는 것이다. 단지 일을 안 하거나 가만히 있는 걸 넘어선다. 완전하게 쉬는 능력은 예민성을 줄이는 데 유용하다. 이를 위해 언제 생각이 단순해지고 몸이 이완되는지 파악해야 한다. 핵심은 평소 하지 않던 일을 하는 것이다. 명상과 복식호흡을 추천한다.

여섯째, 자존감을 관리해야 한다. 자존감은 자신이 사랑받을 가치가 있는 소중한 존재고 어떤 성과를 이뤄낼 만한 유능한 사람이라고 믿는 마음이다. 자존감은 어릴 때 형성된다.

일곱째, 수면이 중요하다. 규칙적으로 자고 일어나라. 이를 위해서는 낮에 규칙적으로 운동해야 한다. 카페인이 든 음료는 자제하고 저녁에 과식하지 않아야 한다. 침실에서는 잠만 자야 한다. 핵심은 항상 같은 시간에 일어나는 것이다.

예전에 우에니시 아키라의 저서 『둔감력 수업』을 읽었다. 둔감한 것이 경쟁력이란 것이다. 다들 식중독에 걸려 고생하는데 혼자만 괜찮은 사람, 다들 신경이 곤두서 있는데 별로 신경이 쓰이지 않는 사람에 관한 책이다. 어떤 사람은 예민하고 어떤 사람은 둔감하다. 그건 노력으로 되는 일은 아닌 듯싶다. 타고난 기질 때문이다. 중요한 건 자신의 기질을 잘 활용하는 것이다. '예민銳敏'은 한자로 날카롭다는 말과 민첩하다는 말의 결합이다. 나쁜 의미만은 아니다. 예민함을 승화시킬 수 있다면 제법 괜찮은 성과물을 낼 수 있을 것이다.

전홍진의 저서 『매우 예민한 사람들을 위한 책』에 나오는 내용이다.

자기 처지에 맞게

자동차를 별로 좋아하지 않는다. 우리나라같이 대중교통이 발달한 나라에서 사람마다 자가용을 이용하는 것은 낭비라고 생각한다. 효용성에 비해 비용이 너무 많이 든다. 차 막히는 것도 병적으로 싫어한다. 무엇보다 길눈이 어두워 차가 있어봤자 별 도움이 되지 않는다는 것이 솔직한 고백이다. 그런 까닭에 지금도 자가용이 있어도 잘 이용하지 않고 되도록 걸어 다니고 대중교통을 이용한다.

그런 내가 자동차 회사를 8년이나 다녔다. 마지막에는 기획 담당 임원을 했는데 역할 중 하나가 외제 차를 타는 것이다. 자동차 회사에는 벤츠, BMW, 혼다, 도요타 등 견본용 차가 많다. 웬만한 차는 거의 다 갖고 있다. 이런 차를 타며 장점, 단점, 느낀 점에 대해 개발 부서에 피드백하는 것이 내 역할 중 하나였다. 다른 직원들은 외제 차를 타고 싶어 안달했지만 나는 새로운 차를 탈 때마다 새로 익히는 게 귀찮아 잘 타지 않았다. 창문을 연다는 것이 트렁크를 열기도 하고 의자를 움직이기 위해 이 버튼 저 버튼을 눌러야 했다.

자동차 회사를 그만두고 3년간 차 없이 생활했다. 큰 불편은 없었고 오히려 영혼이 맑아졌다. 돈도 적게 들었다. 차가 없으니 차 손볼 일도, 차 닦을 일도 없었다(보통 귀찮은 일이 아니다). 멀리 갈 생각은 아예 하지 않았다. 어디 갈 때도 으레 기차나 고속버스를 이용하면 됐다. 하지만 한창 자라나는 애들 성화에 할 수 없이 소형차를 하나 샀다. 그런대로 잘 탔다. 하지만 어느 순간 불편해졌다. 최고경영자 과정 주임교수를 하면서 더욱 그랬다. 호텔에서 과정을 진행할 때는 별문제가 없었다. 늘 대중교통을 이용하기 때문이다. 하지만 가끔 골프를 칠 때 곤혹스러웠다. 대부분 회원은 외제 차를 이용하는데 나 혼자 소형차를 타고 다니는 게 영 불편했다. 인식을 안 하려 해도 그들 눈빛을 보면 안 할 수 없었다. 이런 표정이다. '아니, 저건 뭐야. 저 사람이 저렇게 살림이 어렵나?' 그래도 꿋꿋하게 탔다.

어느 날 모 골프장 사장을 인터뷰하러 골프장엘 갔다. 인터뷰를 끝내고 나오는데 사장이 과일 한 상자를 선물로 주면서 자꾸 차를 프런트로 갖고 오라는 것이다. 내 차를 보여주기 싫어 극구 사양했다. 그 사장도 고집이 셌지만 결국 내 주장대로 과일상자를 들고 주차장까지 걸어갔다. 그리고 빠져나가는데 사장이 그때까지 안 들어가고 프런트 밖에 서 있었다. 그 골프장은 반드시 프런트를 거쳐서 나가게끔 구조가 돼 있어 할 수 없이 차를 몰고 가는데 사장이 나를 알아보고 인사를 한다. 당황한 표정이 역력했다. 게다가 당시 내 차는 뒷부분이 꽉 찌그러져 있었다. 차를 몰고 나오는데 뒷골이 당겼다. 그분이 이렇게 생각할 것 같았다. '저래서 그렇게 차를 안 갖고 오려고 했구먼.' 이런 일은 기업 강의 때도 자주 있었다. 강의 후에 주차장까지 마중 나오는 사람들이 제법 있는데 그들은 내 차를 보고 당황했다. 그렇다고 그때마다 변명할 수는 없었다. "사실 제가 차를 별로 좋아하지 않습니다. 큰 차가 필요 없고 이 차면 충분합니다. 그래서 작은 차를 타고 다니는 것이니 오해하지 마세요."

뭐든 자기 처지에 맞게 갖는 게 좋다. 차도 그렇다. 내게 차는 별로 중요하지 않았다. 하지만 당시 내 처지와는 어울리지 않았다. 그 때문에 늘 마음이 불편했다. 신경 쓰지 않으려 해도 자꾸 신경이 쓰였다. 어울리지 않는 차로 인해 쓸데없이 궁금증을 일으키게 할 필요는 없다는 생각이 들었다. 얼마 후 차를 바꿨다. 내게 어울리는 검은 중형차를 샀다. 역시 작은 차보다는 큰 차가 좋았다. 조용하고 안락하고 차 모는 맛이 나고 무엇보다 차에 대한 불편한 마음이 사라져 좋았다. 구질구질하게 차에 관해 설명할 필요가 사라진 것이 가장 좋았다. 남의 눈을 너무 의식하는 것은 지혜롭지 못하다. 하지만 사람들과 어울려 사는 한 남의 눈을 의식하지 않고 살 수는 없다. 나는 중형차를 샀다. 하지만 사실은 사람들의 기대를 산 셈이다. 돈을 주고 마음의 평화를 산 것이다.

6장

자기다움을 지키며 관계 이어가기

내 방에 초대할 사람들 정하기

　행복에서 가장 중요한 건 대인관계다. 자주 만나는 사람과의 관계가 삶에 결정적 역할을 한다. 마음의 평화를 깨는 제1의 원인은 사람이다. 만나지 말았어야 할 사람을 만나 지금 고생하는 것이다. 사람이 행복의 원인이기도 하지만 불행의 원인이기도 하다. 당연히 대인관계를 정리하고 정돈해야 마음의 평화를 찾을 수 있다.

　여러분 방에는 누가 있는가? 누구랑 가장 많은 시간을 보내는가? 혹시 방을 함부로 헤집고 다니는 사람이 있는가? 볼 때마다 기를 빼앗는 사람, 당신을 통제하려는 사람, 내보내고 싶지만 그러지 못하는 사람이 있는가? 어떤 사람으로 당신 방을 채우고 싶은가? 평생 하나의 방에서 살아야 한다고 가정하자. 방문은 일방통행이다. 입구는 있지만 출구는 없다. 모두 들어오기만 할 뿐 아무도 나가지 않는다. 들어오는 사람들과 그들이 가져온 짐은 이곳을 떠날 수 없다. 그들과 그들 짐은 당신 방에 평생 남게 된다.

　일단 방안을 살펴보라. 방이 어떤 모습인지? 바로 옆에 누가 있고 누가 멀리 떨어져 있는지? 가장 시선을 끄는 사람은 누구인지? 언제 들어왔는지 모르는데 정신을 차려보니 코앞에서 소리치고 있는 사람은 누구인지? 애초에 왜 그 사람들을 방으로 들였는가? 좋아하는 사람과 미워하는 사람은 누구인가? 미워하지만 가까이 있는 사람은? 정치인이나 연예인처럼 자주 등장해 자극하는 사람은? 생각만 해도 기분이 나빠지는 사람은?

함부로 사람을 들이지 않는 게 가장 중요한데 기준점은 가치다. 내가 소중하게 생각하는 가치를 생각해야 한다. 누구를 어떤 이유로 방에 들일 것인지는 가치가 결정한다. 가치를 공유하는 사람은 방에 들이고 그렇지 않은 사람은 들이지 말아야 한다. 다음은 사람을 분류해야 한다. 옆에 둘 사람, 멀찍이 떨어뜨려 놓을 사람, 보고 싶지 않아 상자에 감금할 사람, 상자에 감금 후 열쇠까지 채워야 할 사람, 싫지만 당장 감금하기는 어려운 사람 등등.

혼란스러운 방을 괜찮은 방으로 만들기 위해서는 문지기와 관리인 두 사람이 필요하다. 문지기는 출입 여부를 결정하는 사람이다. 참으로 중요한 역할이다. 아무나 들이면 절대 안 된다. 관리인은 일단 방에 들어온 사람들을 관리하는 사람이다. 사람들을 분류해 거기에 맞게 위치를 선정하는 사람이다. 누가 당신과 가까운 곳에 혹은 먼 곳에 있어야 하는지, 누구는 방 안을 자유롭게 돌아다닐 수 있고 누구는 한곳에만 머물러야 하는지 통제한다.

괜찮은 방을 만들기 위해 가장 먼저 할 일은 거래의 규칙을 위반하는 사람을 찾는 것이다. 받기만 하고 주지 않는 사람, 당신 기를 빨아먹는 사람, 지나치게 지배적이고 자기만 아는 사람, 늘 지각하고 약속을 잊어버리는 사람, 불평하고 징징대는 사람, 극적인 사건과 가십에 중독된 사람, 일이 있거나 불평불만이 있을 때 전화해 지치게 하는 사람 등이 거래의 규칙을 위반하는 사람이다. 문지기의 실수로 이들을 방 안에 들일 수 있다. 대신 관리인은 최악의 거래 규칙 위반자를 특별한 공간으로 안내해야 한다. 때로는 자물쇠가 달린 상자에 담아 어둡고 침침한 지하실에 놓아야 한다. 그들이 당신 방에서 함부로 난동을 부리게끔 하면 안 된다.

엔진인 사람과 닻인 사람도 분류해야 한다. 엔진인 사람은 문제점보다는 해결책에 집중하고 긍정적 결과를 염두에 두고 난관을 극복하고자 하는 사람이다. 닻은 경쟁적으로 불평불만하고 부정적이고 논쟁적이고 현실적으로 전혀 도움이 되지 않는 사람이다. 분노를 유발하는 자는 닻에 해당한다. 이들은 온화하게 무시하라. '온화한 무시benign neglect'는 이들을 통제하는 대신 내가 원하는 것에 집중하는 것이다. 그럼 원하지 않는 게 관심 밖으로 멀어지면서 이들도 힘을 쓰지 못한다.

문제는 싫지만 어쩔 수 없는 사람들이다. 가족 혹은 오랜 친구들이 그들이다. 방법은 만나는 횟수를 최소화하는 것이다. 거절을 잘하는 것이다. 거절하는 것에 죄책감을 느끼지 않아야 한다. 타인의 요구에 함부로 예스를 외치면 큰 대가를 치른다. 거절은 문을 지키는 수호신이다. 자신의 한계를 알고 거절을 통해 경계를 설정해야 한다. 특정 행동에 대해 "아니요."라고 분명히 말할 수 있어야 한다.

싸움을 원하는 사람과는 엮이지 않아야 한다. 직접 만나 회의하는 대신 온라인 회의를 하는 것, 모임의 회원 자격은 유지하되 리더 역할은 하지 않는 것, 자기 얘기만 하는 친구와는 전화하는 횟수를 제한하는 것, 불편한 사람의 전화와 메일에는 천천히 응답하는 것, 매번 만나 수류탄을 던지는 사람에게는 점잖게 "오, 음, 그렇구나." 이상으로 대꾸하지 않는 것 등이 방법이다.

난 인간관계를 세 종류로 나눈다. 과거 완료형, 현재 진행형, 미래 예정형이 그것이다. 과거 완료형은 동창이나 고향 사람처럼 과거에 이미 역할이 끝난 사람인데 나이가 들수록 과거 완료형에 집착하는 경향이 있다. 난 이보다는 현재와 미래에 새로운 인연을 맺는 것에 에너지 쓰기를 추천한다. 공간 확보를 위해 주기적으로 대인관계를 정리하고 정돈하는 것도 추천한다. 끝난 관계는 정리하고 그 공간을 새로운 사람으로 채우는 게 낫다고 생각한다. 무엇보다 나 자신이 좋은 사람이 되려고 노력해야 한다. 그래야 좋은 사람들이 내 주변으로 온다는 걸 알기 때문이다.

스튜어트 에머리, 아이반 마이즈너, 더그 하디 공저 『당신의 방에 아무나 들이지 마라』에 나오는 내용이다.

친절하게 상처받지는 않게

큰 이익을 낼 기회가 주어졌다. 근데 그 기회가 떳떳하지 않은 일이다. 존엄함을 무너뜨리는 일이다. 어떻게 하겠는가? 두 눈 딱 감고 그 일을 하겠는가? 아니면 과감하게 그 기회를 버리겠는가? 쉽지 않은 일이다. 근데 그 기준점이 뭘까? 왜 어떤 사람은 유혹에 넘어가는데 어떤 사람은 흔들리지 않고 유혹을 뿌리치는 걸까? 바로 존엄함 때문이다. 스스로 존엄한 존재로 생각하는 사람은 쉽게 흔들리지 않는다.

여러분이 가장 소중하게 생각하는 가치는 뭔가? 억만금을 줘도 절대 타협할 수 없는 그런 걸 갖고 있는가? 스스로 정말 소중한 존재로 인식하는가? 자기 존엄성을 인식하는 인간은 현혹되지 않는다. 근데 존엄이란 무엇일까? 존엄은 가치관이다. 내면의 나침반이다. 칸트는 "인간을 인간답게 하는 것은 본능에 구속되지 않는 도덕적 자율을 가질 때"라고 말한다. 인간은 수단이 아니라 그 자체로 목적이다. 최고의 경의 대상이다. 그래서 자신의 인격뿐만 아니라 다른 사람의 인격도 수단으로 대하지 말고 항상 목적으로 대해야 한다. 칸트는 정언명령을 통해 "그대가 하고자 하는 것이 모든 사람에게 통용될 수 있게 하라."라고 주장한다. 동양의 '기소불욕己所不欲 물시어인勿施於人'과 비슷하다. 자신이 대접받고 싶은 대로 남을 대접하고 자기가 싫어하는 일을 남에게 강요하지 말라는 것이다.

존엄함은 면역력이다. 외부로부터 우리 자신을 지켜준다. 그래서 같은 외부 자극에 대해서도 존엄성에 상처 입는 정도가 다르다. 존엄을 인지하는 사람은 타인의 불쾌한 행동에 쉽게 상처받지 않는다. 하지만 존엄을 인지하지 못한 사람은 쉽게 불편함을 느끼고 감정의 희생양이 된다. 자기 한계를 드러내거나 감정을 억압하려 하고 거꾸로 타인의 존엄함을 해치기도 한다. 받은 만큼 돌려주려고 하는데 갑질이 한 행태다. 갑질이 만연하고 있다는 건 그만큼 존엄함을 상실한 인간이 많다는 증거다.

자기 존엄성을 인식한 사람은 더 이상 과거의 모습으로 살 수 없다. 이전보다 더 신중하게 행동한다. 호의적이고 친절하다. 타인의 재촉이나 유혹에 흔들리지 않는다. 왜 그럴까? 이들은 자신만의 나침반을 발견하고 나침반에 따라 인생을 살아가기 때문이다. 사는 대로 사는 게 아니라 존엄함을 지키며 살아가기 때문이다. 방향성 없이 그냥 되는 대로 사는 게 아니라 인간다움을 향해 살아간다. 이들은 자신이 원하는 게 무엇인지 분명하게 알고 있다. 달콤한 말로 유혹할 수 없고 타인의 간섭도 허용하지 않는다. 존엄성을 인식하는 일은 자유를 향한 첫 단계이자 자립을 위한 첫걸음이다. 근데 어떻게 해야 존엄할 수 있을까?

첫째, 방향성을 명확히 해야 한다. 복잡성을 줄여야 한다. 그러면 일관성이 생기고 에너지를 최소화할 수 있다. 만약 그게 없다면 행동할 때마다 뭔가를 결정해야 하고 엄청난 에너지를 써야만 한다.

둘째, 개방적이어야 한다. 세상은 너무 빨리 변한다. 기존의 정해진 패턴만으로 문제를 해결할 수는 없다. 생존을 위해서는 변화에 개방적이어야 한다. 우리 뇌는 동물과 달리 평생 학습할 수 있는데 학습 욕구는 저절로 만들어지지 않는다. 가르쳐주는 사람이 있어야 한다. 근데 가르침을 받는 것만으론 충분치 않다. 스스로 시도하고 도전하고 실패하는 과정을 거쳐야 한다.

셋째, 가장 중요한 건 타인과의 관계에서 얻는 경험이다. 타인과의 관계에서 형성되는 친밀한 소속감을 경험해야 한다. 이런 만남이 사랑이다. 대부분 아이는 첫 2년 동안 자신이 인생의 주인공이자 창조자임을 배운다. 공존의 중요성을 깨닫는다. 그런 면에서 가정이 참 중요하다.

여러분은 아이를 그 자체로 인정하는가? 아니면 공부를 잘하거나 말을 잘 들어야 아이로 인정하는가? 말로는 존재 자체를 인정한다고 하지만 실제 다른 경우가 많다. 인간도 그렇다. 인간은 존재 자체만으로도 가치가 있다. 다른 사람들의 기대에 부응하지 못해도 여전히 사랑받을 자격이 있다. 존재 자체로 목적이어야 할 인간이 하나의 수단으로 취급받을 때 인간은 고통받는다. 그리고 나름의 생존 방법을 찾게 된다. 자신도 인간을 목적이 아니라 수단으로 생각하고 행동하기도 하고 자신은 나쁜 사람이고 사랑받을 자격이 없는 사람이라고 자학하기도 한다.

　세상이 참 어수선하다. 온갖 흉흉한 일들이 여기저기에서 일어나고 있는데 왜 그럴까? 이유 중 하나는 인간에 대한 존엄함이 사라지기 때문이다. 인간이 인간을 존엄한 존재로 생각하지 않고 우습게 생각하기 때문이다. 사람을 존재 자체로 보지 않고 그 사람이 가진 돈이나 직위에 따라 차별해서 생각하기 때문이다. 만약 스스로 귀한 존재로 생각하고 서로를 귀하게 생각하는 사회를 만들 수 있다면 얼마나 달라질까? 생각만으로도 기분이 좋아진다. 내가 꿈꾸는 사회이기도 하다.

　게랄트 휘터의 저서 『존엄하게 산다는 것』에 나오는 내용이다.

가면을 벗고 약점 드러내기

스스로 어떤 사람이라고 생각하는가? 스스로 생각하는 나와 다른 사람들이 생각하는 나 사이에 차이가 큰가? 혹시 내 진짜 모습을 다른 사람들이 알까 두려워 두꺼운 가면을 쓰고 있지는 않은가? 가면을 쓰고 있으면 불편하지 않나? 사람에게는 여러 모습이 있다. 보여주고 싶은 모습, 감추고 싶은 모습, 나도 모르는 내 모습 등등. 누구나 가면을 쓰고 있다. 이유는 바로 수치심 때문이다.

인간은 약한 존재다. 약한 존재가 급변하는 세상에 살다 보면 쉽게 상처받는다. 혼자 벌거벗은 느낌으로 세상에 버려진 것 같은 기분이 들기도 한다. 그 상태를 취약성$_{vulnerability}$이라고 한다. 상처 입을 가능성이 있다는 뜻이다. 공격을 당하거나 피해를 볼 수 있다는 뜻이다. 상처를 견뎌낼 수 없는 나약함$_{weakness}$과는 다른 개념이다. 취약성은 어디에서 올까? 수치심에서 온다. 새로운 아이디어를 말하지 못하는 것, 필요한 피드백을 하지 못하는 것, 고객 앞에서 하고 싶은 말을 당당하게 하지 못하는 것은 모두 수치심 때문이다. 관계가 끊어질까 두려워하는 마음이다. 어떤 결함으로 인해 자기에 대한 사랑과 소속감을 느낄 가치가 없다고 여기는 감정이다. 수치심은 어디에든 숨어 있다. 외모, 돈, 직업, 모성애, 부성애, 가족, 육아, 정신과 육체의 건강, 중독, 섹스, 노화, 종교, 트라우마, 편견 혹은 낙인 등 모든 요소가 수치심의 원인이 될 수 있다.

누구나 수치심이 있지만 중요한 건 이 수치심을 잘 다루는 것이다. 수치심 탄력성을 높여야 한다. 수치심 탄력성이란 수치심을 느끼지만 이를 이겨내는 능력이다. 이를 위해서는 수치심을 인식하고 수치심의 유발 요인을 찾아야 한다. 내가 수치심을 느끼는 근거가 합당한지 따져보아야 한다. 무엇보다 다른 사람들과 수치심에 관해 얘기하는 것이 필요하다. 수치심은 숨길수록 커진다. 텍사스대학교의 제임스 페니베이커 교수는 트라우마(강간과 근친상간)를 비밀로 간직했던 사람에게 어떤 일이 일어났는지 추적했다. 결과는 명확하다. 트라우마의 원인이 된 사건을 혼자만 간직한 채 끙끙 앓는 사람에 비해 부끄러워도 이를 털어놓는 사람이 훨씬 건강하다는 것이다. 수치심은 드러내야 한다. 드러내야 치유할 수 있다. 방법 하나가 글쓰기다. 글쓰기가 치유하는 행위다. 자신에게 트라우마가 된 경험에 대해 3~4일 연속으로 하루 15분에서 20분 동안 글을 쓰는 것이다. 그러면 긍정적인 변화가 생긴다.

수치심을 가진 사람은 물에 빠진 사람과 같다. 물에 빠진 사람을 함부로 구하면 안 된다. 무슨 짓을 할지 모르기 때문이다. 수치심이 강한 사람은 무슨 짓을 할지 모른다. 자기보다 못한 사람에게 못 할 짓을 한다. 왕따를 시키는 것도 수치심을 줄이려는 방법일 수 있다. 수치심 치료에는 공감이 최고다. 공감은 수치심에서 빠져나오도록 하는 사다리 같은 존재다. 내가 혼자가 아니라는 사실을 깨달으면 수치심이 사라진다. 그저 얘기를 잘 들어주고 상대를 존중하면 된다. 섣부른 비판을 자제하고 상대의 감정에 다가서고 당신은 혼자가 아니라는 메시지를 주면 된다.

우리에게는 세 가지 마음의 갑옷이 있다. 기쁜 마음 차단하기, 완벽주의, 감정 차단하기가 그 세 가지다. 첫째 갑옷인 기쁜 마음 차단하기는 지금 아주 기쁘지만 언젠가 있을 비극에 대비해 기쁨을 유보하고 유예하는 것이다. 내가 사람을 좋아하지만 차일지 몰라 좋다는 감정을 표현하지 못한다. 좋은 일이 생길 때마다 최악의 사태를 상상하는 것도 그렇다. 근데 이런 기쁜 마음 차단은 효과가 없다. 비극을 연습한다고 슬픔이 줄어드는 것은 아니다. 기쁨은 순간순간 찾아오는 감정이다. 그때그때 오는 기쁨을 마음껏 즐겨야 한다. 지금 가진 것을 당연시하는 대신 매사에 감사해야 한다. 둘째 갑옷인 완벽주의는 20톤짜리 보호막과 같다. 그 보호막이 우리를 보호해 주리라고 믿으면서 질질 끌고 다닌다. 하지만 사실은 그렇지 않다. 완벽주의의 핵심은 나 자신이 아니라 남한테 인정받으려고 애쓰는 것이다. 건전한 노력은 자신에게 초점을 맞춘다. '어떻게 해야 내가 발전할까?'를 생각한다. 완벽주의는 외부에 초점을 맞춘다. 나보다 다른 사람들이 어떻게 생각할까를 중요시한다. 셋째 갑옷인 감정 차단하기는 불편한 감정을 없애려고 일부러 무디게 사는 것이다. 근데 싫은 감정 한 가지만 없앨 수는 없다. 그렇게 되면 사랑, 기쁨, 소속감 같은 좋은 감정도 함께 마비되기 때문이다.

우리는 자주 취약해지는 순간을 경험한다. 감정적으로 상처받거나 공격당하기 쉬운 상태가 되고 그런 자신을 숨기려고 황급히 가면을 쓴다. 근데 마음 가면을 쓴다고 수치심이나 불안이 사라지는 것은 아니다. 오히려 마음 가면을 벗고 자신의 취약성을 당당하게 드러내야 마음이 홀가분하고 편해진다. 사람과의 관계도 좋아진다. 마음을 다해 살아야 한다. 전심전력 wholeheartedness을 위해서는 열 가지 지침이 있다. 나를 소중히 하고 사람들이 어떻게 생각하는지 구애받지 말 것, 나 자신에게 공감하고 완벽주의와 헤어질 것, 회복탄력성을 기르고 마비와 무기력에서 벗어날 것, 감사하고 기뻐하고 부족함과 어둠에 대한 공포를 버릴 것, 직관력과 믿음을 키우고 뭐든 예측할 수 있어야 한다는 생각을 버릴 것, 창의력을 기르고 남과 비교하는 버릇을 버릴 것, 놀이와 휴식을 즐기고 과로하지 말 것, 고요한 명상의 시간을 갖고 만성적인 불안에서 놓일 것, 의미 있는 시간을 만들 것, 웃음과 노래와 춤을 더 자주 즐기고 모든 걸 통제하려 하지 말 것.

세상은 역설적이다. 진짜 강한 사람은 자신의 약점을 다 드러낸다. 강하기 때문에 자신의 약점을 드러낼 수 있는 것이다. 반대로 약한 사람은 다른 사람이 이를 눈치챌 것 같아 두려워 강한 척하거나 자신의 속내를 절대 드러내지 않는다. 겉과 속이 다르면 불편하고 병이 되기도 한다. 자기 내면을 한번 들여다보라. 난 어떤 사람인가?

브레네 브라운의 저서 『마음 가면』에 나오는 내용이다.

전략적으로 거절할 줄 알기

　최근 겹치게 강의를 약속해 곤욕을 치렀다. 모 업체에서 몇 달 전에 강의를 요청하면서 가능성은 반반이라고 해 당연히 안 될 것으로 생각해 날짜 표시를 안 하고 다른 강의를 받았다. 워낙 그런 일이 많았기 때문에 별생각 없이 한 행동이다. 근데 예상을 깨고 강의가 확정되었다. 요청받은 세 번 중 두 번은 해주고 나머지는 양해를 구하면서 일을 수습하긴 했다. 그 과정이 정말 싫었다. 빚쟁이 같았다. 그들은 빚을 받겠다고 전화했고 나는 빚을 갚으려 동분서주한 셈이다. 괜한 약속으로 여러 사람에게 민폐를 끼쳤고 나 자신도 너무 불편했다.

　이후 약속은 신중하게 하고 웬만한 일은 거절하기로 결심했다. 내키지 않는 강의 요청은 딱 잘랐다. 용건 없이 나를 만났으면 좋겠다는 요청도 거절했다. 저녁에 하는 이런저런 모임도 대부분 거절했다. 그랬더니 자유가 오면서 마음의 평화가 왔다. 꽉 찬 달력 대신 듬성듬성한 달력에서 기쁨을 느꼈다. 돌아다녀야 에너지를 얻는 사람이 있다. 혼자 있으면 열불이 난다는 사람이 있다. 나도 혼자만 있으면 답답할 때가 있다. 하지만 너무 많은 약속은 나를 힘들게 한다. 시간과 에너지를 빼앗긴다. 약속約束의 속은 '구속할 속束'이다. 약속이 자유를 구속한다. 거절해야 자유를 얻을 수 있고 거절해야 마음의 평화를 얻을 수 있다.

거절이란 무엇일까? 내가 생각하는 거절은 정말 소중한 것을 하기 위해 덜 소중한 것을 하지 않기로 하는 일이다. 장기적 성취를 위해 단기적 불편함을 감내하는 행위다. 내 시간도 소중히 여겨달라는 요청이다. 거절에 대해 김성회 소장은 이렇게 얘기한다. "거절拒絶의 '거'는 '손 수扌'와 '클 거巨'가 합쳐져 '막는다.'라는 의미를 지니게 된 글자다. 손에 거대한 도구를 들고 있는 모습이다. 인생의 방해꾼, 장애물로부터 나를 오롯이 지키는 커다란 방어무기가 거절이다. 막을 것은 막고, 자를 것은 자르고, 미룰 것은 미룰 줄 아는 전략적 거절이야말로 진정한 개방이고 호의다."

근데 거절은 쉽지 않다. 세상에서 가장 하기 힘든 말이 거절의 말이다. 거절은 당하는 것도 힘들고 하는 것도 힘들다. 거절은 이기주의자나 철부지의 자기변호가 아니다. 오마하의 현자라 불리는 워런 버핏도 같은 이야기를 한다. 우리 돈 약 7억 원을 내고 버핏과 점심을 먹은 미국 전문 투자자 두 명이 버핏에게 들은 교훈 중 하나가 바로 거절의 중요성이다. 거절하는 것에 편안해져야 한다는 것이다. 성공하기 위해서는 거절을 잘해야 한다.

행복하기 위해서는 원하는 것에 집중하고 나머지는 거절할 수 있어야 한다. 문제는 무엇을 원하는지 알기 어렵다는 것이다. 이걸 잘 따져보고 거절해야 한다. 무엇을 거절할 것인지 알아야 원치 않는 부름을 거절할 수 있다. 그게 행복의 본질이다.

"노"라고 말할 수 있어야 자유롭다. 18세기에 극작가 니콜라 샹포르는 말했다. 이 능력은 자기성찰과 예스를 말하는 기술에 좌우된다. 자신의 개성과 자신의 가치를 향한 예스는 내키지 않는 승낙을 막아주는 최고의 방패다. 그런 예스는 일상에 허덕이며 성급한 결정을 내려야 할 때 기준으로 삼을 수 있는 행성이다. 직장이든, 사랑이든, 건강 문제든, 돈 문제든 모든 결정은 자기 가치에서 나와야 하기 때문이다. 내가 아니라 타인을 향한 예스는 자신을 향한 노다. 남이 나를 모욕할지도 몰라 겁이 난다. 그래서 자신을 모욕한다. 이기적이라고 욕을 먹을까 봐 겁이 나 남들 바퀴로 나를 밀어 넣는다. 자기 가치를 외면하는 건 자신을 무시하고 깎아내리는 것과 같다. 확실한 노는 자기 가치를 높인다. 항상 긍정하고 승낙하는 사람의 긍정은 장마 때 물처럼 가치가 없다. 가뭄에 물이 귀하듯 거절해야 승낙의 가치가 높아진다. 노가 없으면 예스는 무력하다. 당신이 싫다고 말해도 아무 일도 일어나지 않는다.

예전에 나는 대세에 지장이 없으면 예스가 디폴트였다. 그런데 서서히 디폴트값이 거절로 바뀌고 있다. 그 결과 단기적으로는 불편할 수 있다. 하지만 장기적으로는 행복하다. 무엇보다 마음의 평화를 얻을 수 있어 좋다.

친밀감은 겨울 외투와 같다

지금 기분이 어떤가? 잘 모르겠다고? 직원들 기분은 어떤 것 같은가? 그것도 모르겠다고? 그럼 어떻게 관계를 맺고 경영하는가? 중년 남성 중 이런 사람이 많다. 자기감정을 읽을 줄 모르는 감정 문맹자다. 당연히 본인도 힘들고 주변 사람들도 행복하지 않다. 잘살기 위해서는 자기감정을 잘 읽을 수 있어야 한다. 다른 사람의 감정도 잘 살필 수 있어야 한다. 요즘 스트레스를 받는 일이 있는가? 그 일만 해결되면 스트레스가 사라질까? 그런 일은 없다. 항상성을 깨는 모든 자극이 스트레스다.

슬픈 것도 스트레스지만 너무 좋은 것도 스트레스다. 스트레스를 안 받기 위해서는 아무 변화가 없어야 한다. 항온항습실에서 살아야 하는데 불가능하다. 스트레스는 필요한 존재다. 내일 중요한 발표가 있는데 긴장하지 않는다면 어떨까? 준비하지 않을 것이고 당연히 결과가 좋지 않을 것이다. 스트레스를 받지 말라는 말은 공기가 나쁘니까 공기를 마시지 말고 살라는 말과 같다. 중요한 것은 스트레스를 어떻게 인식하고 받아들일 것이냐다.

행복을 위해서는 다른 사람과 좋은 관계를 맺을 수 있어야 한다. 여기에는 세 가지가 필요하다. 민감할 것, 반응할 것, 일관성이 있을 것이 그것이다. 민감성은 사람에게 관심을 보이고 그의 감정을 예민하게 알아차리는 것이다. 반응성은 민감하게 알아차린 것을 행동으로 반응하는 것이다. 일관성은 그때그때 달라지는 게 아니다. 말 그대로 일관성을 갖고 행동하는 것이다. 모든 대인관계는 이 범위를 벗어나지 못한다. 좋은 관계를 원하더라도 상대를 소 닭 쳐다보듯 하지는 않는가? 상대가 하는 말에 아무 반응을 보이지 않는 건 아닌가? 건강한 대인관계를 위해서는 상대를 있는 그대로 받아들이는 게 중요하다. 자기 마음대로 추측하는 대신 있는 그대로 수용해야 한다. 특히 상대의 감정을 수용하는 것이 중요하다. 상대를 분석하고 평가하고 비난하는 대신 감정을 수용해야 한다. 수용한다는 것은 '이 사람은 이런 생각을 하고 이런 감정을 느끼고 있구나.'라고 이해하는 것이다.

외로운가? 고독한가? 고독이란 말은 무슨 뜻일까? 고독감을 느낀다는 것은 친밀감에 대한 갈망은 있지만 채워지지 않는다는 의미다. 친밀감이 핵심이다. 친밀감은 본능이다. 친밀하기 위해 큰 노력을 하지만 많은 경우 실패한다. 독거노인이 그런 사례다. 내가 생각하는 독거노인의 정의는 몸은 가족과 함께 있지만 가족의 마음을 얻지 못하는 노인이다. 배우자, 자녀들과의 친밀감을 획득하는 데 실패한 사람이다. 군중 속 고독이란 말도 그렇다. 물리적으로는 옆에 사람들이 많더라도 막상 친밀한 사람이 없다고 느낄 때 오는 마음이다.

친밀감은 바이러스로부터 우리 몸을 지켜주는 면역세포와 같다. 친밀감은 직장 스트레스, 돈 스트레스, 가정 내 스트레스에서 우리를 보호한다. 친밀감을 누리는 사람은 겨울에 두꺼운 외투를 입은 사람과 같다. 강추위가 몰아쳐도 끄떡없다. 친밀감이 부족한 사람은 외투 없이 겨울을 나는 사람과 같다. 찬바람이 조금만 불어도 고독감이라는 추위를 탄다. 심할 때는 우울증이라는 마음의 감기에 걸리기도 한다. 동료애와 친밀감은 햇빛처럼 인간을 치유한다.

친밀감을 느끼려면 세 가지가 필요하다. 첫째, 서로 통하는 느낌이 있어야 한다. 둘째, 서로 살피고 도와야 한다. 셋째, 나눠야 한다. 반면 친밀감을 방해하는 것도 세 가지가 있다. 첫째, 불완전한 주체성이다. 주체성이 확립되지 못한 사람은 친밀한 인간관계를 맺을 수 없다. 내가 확실해야 너도 확실해진다. 나와 네가 확실해야 두 사람 사이에 인간관계가 이루어지고 친밀한 관계가 가능해진다. 혼자 잘 노는 사람이 다른 사람과도 잘 노는 법이다. 둘째, 시기심이다. 시기심은 다른 사람의 성공이나 미모, 뛰어난 능력을 볼 때 억울하고 화가 나는 심리다. 시기심은 타고난 본능이고 누구나 갖고 있다. 중요한 건 이를 어떻게 극복할 것인가다. 사랑과 감사가 방법이다. 시기심의 치료제는 감사하는 마음이다. 셋째, 열등감이다. 열등감은 자신을 잘못 평가하기 때문에 생긴다. 동료 사이에도 열등감이 작용하면 친밀감을 느낄 수 없다.

말은 이렇게 하지만 실제 살면서 관계에서 생기는 갈등, 미움, 불편함으로부터 자유롭기는 쉽지 않다. 머리로는 알더라도 가슴으로는 받아들이지 못한다. 사람 사는 세상은 늘 상처를 주고받게 되어 있다. 대인관계가 힘들 때 제일 좋은 치유법이 무엇인지 아는가? 바로 자는 것이다. 수면이다. 잠에는 자연치유 능력이 있다. 자기 전에는 심각하게 생각했던 이슈도 잠을 자고 나면 별거 아닌 걸로 생각되는 경험이 다 있을 것이다. 그런 면에서 건강과 잠, 감정과 잠은 깊은 관계가 있다. 무엇보다 잠을 잘 자면 많은 문제를 해결할 수 있다. 잘 자기 위해서는 어떤 방법이 있을까? 잠은 오는 것이란 사실이다. 내가 잠으로 가는 것이 아니라 잠이 내게 오는 것이다. 잠은 억지로 잘 수 없다. 잠이 내게 잘 오도록 나 자신을 만들어야 한다. 잠이 오지 않으면 오지 않는 대로 그냥 두고 기다리면 된다. 잠은 생리적 현상이다. 하루 종일 굶으면 배가 고픈 것처럼 며칠 잠을 못 자면 잠을 자게 되어 있다. 불면증은 사람이 스스로 만드는 병이다. 잠을 못 잘 것에 대한 걱정과 불안이 원인이 되어 잠을 쫓아내는 악순환 상태에 빠지는 것이다. 잠은 깨어나는 시간으로 조절해야 한다. 잠이 오는 시간을 조절할 수는 없지만 잠에서 깨는 시간은 조절할 수 있다.

강북삼성병원과 삼성스포츠단이 공저한 『오늘 내게 인생을 묻다』의 내용을 요약했다.

심리적 순위로 자기를 보호하자

　요즘 기분이 어떤가? 늘 가슴이 답답하고 무언가가 얹혀 있는 것 같은가? 무얼 해도 개운치 않고 찜찜하다고? 최근 홀가분하다는 기분을 느낀 적은 있는가? 언제 그런 기분을 느끼는가? 세상에서 가장 소중한 것은 나 자신이다. 내가 나를 소중하게 생각해야 다른 사람도 소중하게 생각한다. 그래서 어떤 경우에도 나를 보호할 수 있어야 한다. 그게 최우선이다.

　심리적으로 자기를 보호하는 일을 이기적으로 생각하는 것은 "내가 사는 곳엔 맑은 공기가 너무 많아서 참 걱정이야."라고 한탄하는 꼴과 같다. 자기 보호는 실력이다. 잠이 부족하면 어떤 형태로든지 부족한 잠을 보충해야 한다. 조금 무리했다 싶으면 충분한 휴식을 취해야 활동에 지장이 없다. 몸은 신경통 일기예보만큼이나 정확하게 상황에 대응한다. 사람들은 유난스럽다고 비난할지도 모른다. 하지만 사실은 그렇지 않다. 자기 보호 장치가 잘 작동하는 사람이다. 마음의 영역에 그런 자동 조절 기능이 있다면 훨씬 편안해질 수 있다.

묵언수행을 하던 수도자들이 단체로 발병했다. 새로 온 원장이 소리를 내 기도하지 못하게 했기 때문이다. 내면의 소리를 밖으로 내지 못하면 병이 생긴다. 심리적 숨 참기는 위험하다. 병으로 발전할 수 있다. 하지만 수십 년 동안 숨을 꾹 참고 지내는 이가 허다하다. 그런 사실조차 인식하지 못하는 사람도 있다. 인간의 모든 심리적 문제는 사람이 숨을 참고 있을 때 생겨난다. 자기 주변에서 벌어지는 상황을 안으로 받아들이지 못하거나 자기 안쪽에 있는 것을 밖으로 내보내지 못할 때 고통을 겪는다. 홀가분하기 위해서는 심리적 숨쉬기를 해야 하는데 가장 먼저 자신이 숨을 참고 있다는 자각을 해야 한다. 참던 숨을 털어내야 한다. 이것은 능력 이전에 생존의 문제다. 침묵이 인간의 내면을 위대하게 한다면 소리내기는 사람의 일상을 편안하게 한다.

완충지대도 필요하다. 아파트 베란다를 터서 거실을 넓힌 이들이 흔히 겪는 어려움 중 하나는 비 오는 날 창문을 열 수 없다는 것이다. 완충지대가 없어 비가 바로 들이치기 때문이다. 잠을 아까워하는 사람도 있다. 잠을 낭비라고 생각하기 때문에 그렇다. 하지만 그렇지 않다. 잠이란 낮 동안 입력된 정보 처리를 위한 필수 시간이고 꼭 필요한 시간이다. 마음의 영역도 그렇다. 마음에도 한옥의 광 같은 허드레 공간이 있어야 정상적으로 순환된다. 여백이란 그런 것이다. 빠듯한 게 좋은 건 아니다. 자기 역량을 120% 발휘하는 것도 그렇다. 100의 출력을 가진 오디오 기기는 70 정도로 들을 때 편안한 소리가 난다. 원래 목소리보다 나지막하게 말할 때 그 목소리가 듣기 좋다. 여백을 생각해야 한다.

　인정도 필요하다. 세상에서 가장 소중하지만 찾기 어려운 것은 바로 인정이다. 정혜신 박사에게 모두가 부러워하는 어느 공기업 임원이 늦은 밤 전화를 했다. 작은 규모의 민간 기업으로 자리를 옮긴다고 말하자 정혜신 박사는 "잘했다. 백번 옳은 결정이다."라며 지지하고 격려했다. 평소 사리 분별이 확실하기도 했다. 하지만 그런 결정을 한 데는 그만한 이유가 있을 것으로 생각해서다. 근데 그가 목멘 소리로 감사하다고 말했다. 주위 사람 누구도, 심지어 아내조차도 그 결정을 반기지 않았기 때문이다. 놀랍게도 그의 결정을 지지한 사람은 정혜신 박사 하나였다. 이런 일은 흔하다. 당사자가 무엇을 결정할 때 주위 사람들은 걱정하고 반대한다. 나름의 이유가 있겠지만 당사자만큼 많이 고민하고 갈등하는 사람은 없다. 누군가 어떤 결정을 내릴 때는 다 그럴 만한 이유가 있게 마련이다. 그래서 인정이 중요하다. 임신 후 갑자기 먹고 싶어지는 음식은 현재 내 몸에 그 음식이 필요하기 때문이다. 그럴 때는 그걸 먹으면 된다. 거기에 대해 왜 그런 음식을 먹으려 하느냐며 다른 음식을 먹으라고 하는 것은 웃기는 일이다.

　때로는 시간의 흐름에 우리를 맡기는 것도 방법이다. 집에서 어묵을 만들면 그 맛이 나지 않는다. 이유는 시간 때문이다. 어묵은 은근한 불에 오래 익혀야 제맛이 난다. 때로는 시간이 최고의 변수다. 시간은 다른 모든 요소를 압도할 정도로 강력하고 결정적이다.

　공중목욕탕에 누군가 갓난아기를 데리고 들어오면 분위기가 단번에 평화로워진다. 서먹하게 마주하고 있던 사람들이 아기를 중심으로 가족처럼 재구성된다. 총알이 핑핑 날아다니는 전쟁터 한가운데 아장거리는 아기가 등장하면 잠시 총성이 멈추는 영화의 한 장면과 같다. 이처럼 모든 아기에게는 막강한 치유의 힘이 있다. 누구나 한때는 다 이런 아기였다. 그 자체로 치유적 존재였다.

정혜신과 이명수의 공저 『홀가분』에 나오는 내용이다.

7장

삶의
굴곡과 계절을
받아들이기

인생의 비극에 대응하는 방식

몸은 호강해도 마음으로는 지옥을 사는 사람이 있다. 반대로 몸은 힘들어도 마음은 천국을 사는 사람이 있다. 여러분은 어디에 해당하는가? 근데 마음을 다스리기가 생각처럼 쉽지 않다. 다스려지지 않은 인간의 마음은 술에 취한 코끼리만큼이나 위험하다. 어떻게 하면 마음을 다스릴 것인가?

방법 하나는 죽음을 생각하는 것이다. 인간은 누구나 죽지만 평소 그 사실을 인지하지 않는다. 영원히 살 것으로 착각하기 때문에 힘든 것이다. 만일 죽는다는 사실을 인식하면 삶이 달라질 것이다. 고대 인도에 아소카왕과 동생 비타쇼카가 있었다. 왕은 건실한 사람이었다. 하지만 동생은 방탕하기 그지없었다. 형은 동생을 깨우치기 위해 쇼를 했다. 외출하는 척하면서 왕의 옷을 두고 가는데 신하가 동생에게 왕의 옷을 입어보라고 꼬드겼다. 이는 대역죄에 해당하기 때문에 거부한 것이다. 그러다가 한 번 입어보는 순간 형이 들어왔다. 형은 동생을 체포하고 사형에 처하겠다고 공갈 협박을 했다. 대신 배려의 의미로 7일간 모든 호사를 누리라고 얘기했다. 원하는 여자, 음식, 음악, 뭐든 얘기만 하라는 것이다. 7일 후 형이 동생에게 7일간 호사를 누렸는지 물어보았다. 동생은 이렇게 얘기했다. "내가 어떻게 즐길 수 있겠습니까? 난 하루도 잠을 잘 수 없었습니다. 내가 곧 죽으리란 것을 알면서 어떻게 즐길 수 있겠습니까?" 이 사건 이후 동생의 삶은 완전히 바뀌었다.

1970년대 중반 남부 베트남과 캄보디아가 며칠 간격을 두고 공산주의자들 손에 넘어갔다. 태국도 위험했다. 대부분 서양 국가는 태국이 조만간 공산국가가 될 것으로 예상했다. 수많은 태국 대학생은 공산당 게릴라를 지원하기 위해 북동부 정글로 몰려들었다. 무기가 공급됐고 그곳에서 훈련도 행해졌다. 그때 태국 정부가 세 가지 전략을 세운다. 첫째, 자제였다. 게릴라들이 어디 있는지 알았지만 공격하지 않았다. 둘째, 용서였다. 수시로 무조건적 사면을 시행했다. 반란군이라도 그때까지의 주장만 버리고 전향한다면 어떤 처벌도 하지 않았다. 세 번째, 근본적인 문제해결이었다. 게릴라 지역에 새 도로를 만들고 작은 저수지와 관개수로를 만들었다. 가난한 농민들이 농사를 잘 짓고 물건을 쉽게 내다 팔 수 있도록 했다. 외딴 마을에 전기를 놓고 학교와 진료소를 세웠다. 태국의 공산주의자들은 정부에 대해 너무 화가 나 반란을 일으킨 것이고 젊은 목숨을 버릴 준비가 되어 있었다. 그런데 정부 측의 인내와 자제 덕분에 분노가 악화하는 것을 막을 수 있었다. 시골 사람들은 더 이상 공산주의자를 지지할 필요성을 느끼지 못했고 하나둘씩 총을 버리고 가정, 마을, 대학으로 돌아갔다. 이것이 긍정적 용서다. 긍정적인 것을 강화하는 용서다. 정원에서 잡초에만 물을 주는 것은 문제를 키우는 것이다. 어떤 것에도 물을 주지 않는 것이 용서다. 잡초가 아니라 꽃에 물을 주는 것은 긍정적 용서다.

인생은 무슨 일이 벌어지느냐의 방정식이 아니라 그 일에 대해 어떻게 대응하느냐의 방정식이다. 이렇게 생각하라. 누군가 당신 집 앞에 한 트럭분의 소똥을 놓고 갔다면 기분이 어떨까? 사람들은 어떤 반응을 할까? 기분이 무지 안 좋을 것이다. 도대체 어떤 놈이 이런 짓을 했는지 찾기도 하고 만나는 사람마다 소똥 얘기를 할 것이다. 이는 늘 소똥을 갖고 다니는 것과 같다. 주머니, 옷, 가방에 소똥을 가지고 다니면 친구들을 잃는다. 냄새가 나기 때문이다. 또 다른 방식은 집 뒤로 끌고 가 정원에 파묻는 것이다. 소똥은 좋지 않은 일을 의미한다. 부정적인 생각, 불안과 두려움, 미움과 질시, 분노와 오기 같은 것들이다. 삶에 비극이 일어날 때 이렇게 말하면 어떨까? "우와 내 정원에 뿌릴 거름이 더 많이 생겼군!"

부당한 대우를 받았을 때의 처신도 중요하다. 태국에서의 일이다. 릭샤 운전사가 미군 병사를 태우고 길을 가고 있었다. 술에 취한 친구들이 미군을 놀린다. "어이, 더러운 개를 태우고 어디를 가는 거야?" 하지만 미군 병사는 태연히 경치만 감상한다. 릭샤 운전자는 처음에는 머뭇거렸지만 이렇게 답변한다. "지저분한 개를 데리고 메콩강으로 가는 거야. 거기서 목욕 좀 시키려고!" 박장대소를 하며 웃는다. 목적지에 도착한 미군은 아무 소리 없이 그냥 내려 걷기 시작

한다. 당황한 운전사가 서툰 영어로 돈을 달라고 하자 미군은 유창한 태국어로 이렇게 얘기한다. "아저씨, 개가 돈 가지고 다니는 거 봤어요?" 당신은 모욕당하면 어떤 반응을 보이는가? 깨우침을 얻었다는 증거 중 하나는 웬만해서는 화를 내지 않는 것이다.

아무리 경치가 좋고 음식이 좋아도 마음이 심란하면 아무것도 눈에 들어오지 않는다. 그래서 마음을 다스리는 일만큼 중요한 일은 없다. 마지막으로 이런 질문을 던져보라. 세상에서 가장 중요한 시간은? 바로 지금이다. 가장 중요한 사람은? 바로 당신 앞에 있는 사람이다. 가장 중요한 일은 보살핌과 배려다. 이런 생각으로 세상을 살면 당신도, 주변 사람도 다 마음의 평화를 누릴 수 있을 것이다.

아잔 브람의 저서 『술에 취한 코끼리 길들이기』에 나오는 내용이다.

삶에서 가장 중요한 교훈 배우기

죽음의 문턱에 섰을 때 지금까지의 삶을 어떻게 평가할까? "아, 정말 잘살았다."라고 얘기할 수 있을까? 어떻게 사는 게 잘사는 것일까? 잘살기 위해서는 어떻게 해야 할까? 방법 하나는 이미 오래 산 사람들의 얘기를 들어보는 것이다. 70세 이상 노인 1,000명에게 다음과 같은 질문을 던졌다. 삶에서 가장 중요한 교훈은 무엇인지, 일에는 어떤 의미가 있는지, 성공적인 결혼생활은 무엇인지, 자녀들과 어떻게 좋은 관계를 유지해야 하는지, 힘든 일은 어떻게 극복했는지, 아이를 키우면서 반드시 피해야 할 것은 무엇인지, 건강에 대해 깨달은 교훈이 있다면 무엇인지 등을 물었다. 그중 몇 가지를 소개한다.

첫째, 배우자와의 관계다. 여러분은 결혼생활에 만족하는가? 배우자와 좋은 관계를 맺고 있는가? 다시 태어나도 지금의 배우자와 결혼할 예정인가? 배우자도 비슷한 생각을 하는가? 만약 부부관계가 좋지 않다면 왜 그렇다고 생각하는가? 성공적인 부부관계를 유지하는 것은 쉽지 않다. 하지만 배우자와의 관계는 삶의 질에 결정적 역할을 한다. 아무리 돈이 많고 지위가 높아도 배우자와 관계가 서먹하면 그 인생 역시 서먹할 가능성이 높다. 사람 숫자만큼 부부 관계는 다양하다. 최고의 친구처럼 금슬이 좋은 부부는 보기도 좋다. 거의 대화하지 않는 부부도 있다. 딱 필요한 말만 한다. 소 닭 쳐다보듯 무덤덤한 부부도 있다. 무늬만 부부인 부부도 있다. 남들 눈을 의식해 법적으로 이혼만 하지 않았을 뿐 사실상 남처럼 지내는 부부도 있다. 이렇게 되면 삶은 삭막할 것이다. 자녀에게도 상처를 줄 것이다. 멋진 인생을 위해서는 배우자와 좋은 관계를 유지해야 한다. 부부는 최고의 친구가 되어야 한다. 편안하게 무슨 얘기라도 나눌 수 있어야 한다. 처음처럼 뜨거울 수는 없지만 애정의 자리를 우정이 대신해야 한다. 이를 위해서는 상대의 신발을 신어보아야 한다. 뭔가를 바라는 대신 저 사람을 위해 무얼 해줄까 생각해야 한다.

둘째, 일과 직업에 대한 것이다. 현재 하는 일에 만족하는가? 아니면 먹고살기 위해 할 수 없이 일하는가? 삶의 핵심 중 하나는 직업이다. 직업은 생계 수단 이상의 의미를 지니고 있다. 자부심과 성취감을 얻는 수단이다. 타인과 유대감을 형성하는 도구다. 정체성의 핵심 요소다. 직업에서 만족을 얻기 위해서는 물질적 보상보다는 즐거움을 기준으로 직업을 선택해야 한다. 그래야 후회가 없다. 이를 위해서는 정말 좋아하는 일을 찾아야 한다. 오래 산 이들의 이야기다. "돈을 위해 하기 싫은 일을 억지로 하지 마세요. 단기적으로는 그럴 수 있지만 평생 생계 때문에 하기 싫은 일을 억지로 하는 것만큼 비극적인 일은 없습니다. 대신 좋아하는 일을 찾으세요. 돈을 지급하면서라도 하고 싶은 일이 있나요? 그런 일을 직업으로 하세요. 직장을 옮기거나 새로운 일에 도전하는 걸 두려워 마세요. 나이는 중요하지 않습니다. 가장 중요한 것은 스스로 어떤 사람인지, 어떤 능력이 있는지 발견하는 것입니다. 자신을 검증하고 필요한 게 무언지 시간을 두고 봐야 합니다. 그동안에는 위험을 감수해야 합니다. 만약 지금 하는 일이 만족스럽지 않다면 몇 년이 걸리더라도 만족스러운 직업을 찾아야 합니다. 절대 포기해서는 안 됩니다. 싫어하는 일을 하느라 많은 시간을 허비하기엔 인생이 너무 짧습니다."

셋째, 자녀와의 문제다. 현재 자녀들과 어떤 관계를 유지하고 있는가? 퇴근할 때 아이가 반색하며 맞이하는가? 혹시 돈을 벌어주는 역할 외에 별다른 역할이 없는 건 아닌가? 말년 운은 자녀 운이란 얘기가 있다. 아무리 자신이 잘났다고 무게 잡아도 자녀가 불행하면 부모는 행복할 수 없다. 자녀와의 좋은 관계를 위해서는 이들과 가능한 한 많은 시간을 보내야 한다. 로버트 라이시 전 노동부 장관은 이런 얘기를 한다. "아이들은 조개 같아서 평소에는 껍데기를 꽉 닫고는 딱딱한 모습을 보여줍니다. 하지만 속은 더없이 연약하고 상처받기 쉽습니다. 예기치 못한 순간 껍데기를 열 때가 있는데 그 순간 그 자리에 있어야 합니다. 만약 그렇지 못하면 달에 있는 것과 같습니다. 아이들이 원하는 것은 시간입니다. 가장 중요한 것은 아이들과 무언가를 함께 하는 겁니다. 아이들과 시간을 보내기 위해서는 희생을 감수해야 합니다."

애를 한창 키울 때는 정신이 없다. 자식의 성적 때문에 관계를 해치는 부모도 많다. 하지만 애들 성적보다 중요한 것은 그들과의 관계다. 독거노인을 꿈꾸는 사람은 없다. 그렇지만 자칫하면 독거노인이 될 수 있다. 수명이 길어지면서 삶이 달라졌다. 인류 최초로 자녀와 함께 나이를 먹는 시대가 됐다. 평생 관점에서 자녀와의 관계를 보아야 한다. 가장 중요한 것은 자녀와의 친밀감이다. 그들이 떠나기 전에 친밀감을 높여야 한다. 그래야 나머지 삶이 풍요로울 수 있다. 친밀감을 높이지 않으면 집을 떠난 후 그들은 돌아오지 않는다. 투자해야 보상을 받는다. 더 많은 시간을 보내라. 가혹한 체벌을 피하라. 균열이 생기기 전에 없애라.

넷째, 젊을 때 100년 쓸 몸을 만들어라. 자신을 사랑하는가? 자신을 사랑하는 사람은 몸을 귀하게 여긴다. 개중에 건강을 돌보지 않고 제멋대로 사는 사람이 있다. 과식하고 운동하지 않고 술과 담배에 절어 살면서 "뭐 어때? 내 몸 내가 알아서 한다고. 누구나 죽어."라고 말하는 사람이 있다. 무책임하다. 건강은 개인의 문제가 아니다. 한 사람이 아프면 주변 사람들이 큰 고통을 겪는다. 또 젊어서 몸을 어떻게 다루었는지는 나이가 들면 고스란히 나타난다. 모든 사람은 어떤 이유로든 죽는다. 하지만 만성질병으로 느리고 고통스럽게 죽어야 할 이유는 없다. 병은 말을 타고 들어와 거북이를 타고 나간다. 서서히 약해지고 오랫동안 진행된다. 본인을 위해서도 가족을 위해서도 지금부터 100년 쓸 몸을 만들어야 한다.

나이 드는 것은 자연스러운 일이다. 나쁜 일만도 아니다. 책임감이 적어지고 시간상으로 자유로워진다. 오히려 젊은 시절보다 멋진 시간을 보낼 수도 있다. 다만 사전에 미리미리 준비해야 한다.

칼 필레머의 저서『내가 알고 있는 걸 당신도 알게 된다면』에 나오는 내용이다.

인간만이 미래를 생각한다

 과거, 현재, 미래 중 어느 것을 생각하는 데 가장 많은 시간을 쓰는가? 나이에 따라, 성향에 따라 정도의 차이는 있겠지만 인간은 누구나 과거와 현재와 미래를 왔다 갔다 한다. 근데 동물은 어떨까? 동물에게도 미래가 있을까? 당연히 없다. 동물에게는 오로지 현재만 존재한다. 인간과 동물을 구분 짓는 특징 중 하나는 미래를 생각한다는 것이다. 인간의 가장 위대한 발명품은 바로 내일의 발명이다.
 인간의 큰 특징은 뇌가 지나치게 크다는 것이다. 당연히 많은 양의 에너지가 필요하다. 전체 열량의 22%를 소비하는데 다른 영장류가 8%, 포유류 평균이 4%에 비하면 엄청난 비중이다. 인간은 수백만 년 동안 멸종위기에 떨었다. 큰 뇌를 유지하기 위해 많은 에너지가 필요했고 영아사망률이 높았기 때문이다. 인간은 다른 포유류에 비해 취약하고 의존성이 높다. 말과 소는 태어나자마자 걷는다. 새끼 캥거루는 탄생 190일 동안만 엄마 주머니 속에 있고 이후에는 독립적인 생활을 할 수 있다. 근데 인간은 생후 1개월이 지나도 버둥거

릴 뿐이고 1년이 되어도 겨우 걸을 뿐이다.

왜 그럴까? 인간이 독립적으로 되기 위해서는 뇌가 충분히 성장해야 하는데 이를 위해서는 임신기간이 21개월은 되어야 한다. 근데 그렇게 되면 좁은 골반 때문에 아이를 낳을 수 없어서 미리 낳아 1년 이상을 돌봐야 한다. 인간의 큰 뇌 때문에 미숙아인 상태로 낳게끔 진화한 것이다. 인간이 가장 폭식을 많이 하는 것도 신생아 때다. 성인은 에너지의 25%를 뇌가 쓰는데 신생아는 에너지의 74%를 뇌 성장에 쓴다. 특히 시각, 촉각, 미각 같은 감각기관의 성장에 사용한다. 또 신생아는 포유류 중 가장 높은 16%의 체지방률을 갖고 있고 9개월쯤에는 27%까지 올라간다. 이런 지방 덩어리는 뇌를 위한 저장고다. 뇌가 인간을 위해 봉사하는 게 아니라 인간이 뇌를 위해 봉사하는 격이다.

근데 그렇게 큰 뇌가 어떤 도움이 될까? 도움이 되기는 하는 걸까? 우리는 큰 뇌 덕분에 불을 발견하고 도구를 사용하고 언어가 있다는 식의 얘기를 많이 한다. 근데 그런 것을 인간만이 갖고 있을까? 그렇지 않다. 이타주의 같은 것은 동물에게도 나타난다. 해마는 포식자에게 부모를 잃고 고아가 된 어린 해마를 입양한다. 동물도 도구를 사용한다. 침팬지가 그렇다. 침팬지는 나뭇가지를 이용해 흰개미를 잡는다. 동물도 농사를 짓는다. 가위개미는 나뭇잎을 잘라 버섯을 배양한다. 근데 인간만이 확실한 우위를 차지하는 것이 있다. 인간만이 '나'라고 말할 수 있다. 인간만이 다른 것에서 자기를 스스로 분리할 수 있다. 무엇보다 인간의 가장 큰 특징은 미래를 생각한다는 것이다. 인간만이 내일을 생각할 수 있다. 동물에게는 내일이 없지만 인간에게는 내일이 있다.

인류가 아프리카를 떠난 것도 내일의 발명과 연관이 있다. 인간의 시조는 아프리카에 살았는데 5만 8,000년 전에 갑자기 아프리카를 떠난다. "왜 이들이 아프리카를 떠났을까?"라는 질문은 진화론의 주요 과제다. 어떤 종이 거주지를 포기한다는 건 해결할 수 없는 문제가 발생했음을 뜻한다. 이주는 심각한 스트레스를 각오하는 특수한 행위다. 그 이유가 바로 내일의 발명이다. 큰 뇌로 이 생각 저 생각을 하다가 어느 날 문득 '내일'이란 개념을 떠올린 것이다. 아직 존재하지 않는 미래를 위해 현재를 포기하고 보다 나은 내일을 위해 아프리카를 떠난 것이다. 동물은 내일을 생각하지 않는다. 동물 중 "내일 만나자."라고 얘기하는 동물은 없다. 인간의 가장 위대한 발명은 바로 내일이다. 내일은 빈곤하고 좌절만 안겨주는 현재로부터 우리를 살려준다. 인간의 큰 뇌 덕분에 우리는 말할 수 있다. 언어가 있어 계획을 세우고 이를 공유할 수 있다.

근데 내일을 발견한 인간에게 어떤 일이 일어났을까? 미래를 발견한 이후 인간은 너무 많은 선택에 시달리게 된다. 내일을 발명한 이후 만성적 불안과 공포에 시달린다. 이를 극복하기 위해 준비와 계획이라는 개념을 떠올린다. 미래를 대비하는 과정에서 축적과 잉여물이 탄생하고 과잉의 소용돌이에 빠지게 된다. 만약 내일이 없다면 과잉도 없다. 내일이 없다면 공부, 재테크, 종교, 윤리, 전략 등은 다 무용지물이 된다. 미래를 발명한 이후 인간은 현재보다는 앞으로 일어날 수 있는 일, 일어났어야 하는 일, 일어났으면 좋을 일, 절대로 일어나지 않을 것임을 알고 있는 일, 두려운 일 등에 대해 훨씬 많은 이야기를 한다. 미래는 우리에게 샴쌍둥이 격인 무를 제공했다. 무란 마치 공공장소에서 틀어놓는 개성 없는 음악과 같다. 평소에는 안 들린다. 하지만 어느 순간 들린다. 무란 그림자와 같다. 정오에는 짧아졌다가 차츰 길어져 밤이 오면 쌍둥이 형제의 발목에 매달리면서 자기를 봐달라고 우긴다.

가끔 전 재산을 정리해 세계여행을 다녀온 사람들 얘기가 언론에 등장한다. 골치 아픈 일상, 지겨운 직장을 때려치우고 하고 싶은 일을 하자는 목적으로 그랬다는 것이다. 그야말로 내일을 잊고 현재에 집중하자는 것이다. 난 그런 얘기를 들을 때마다 이런 의문이 생긴다. "여행도 좋다. 그런데 여행 후가 걱정되지 않을까? 당장 귀국 후 들어갈 집이 없는데 풍경이 눈에 들어올까?" 행복과 관련해서 가장 흔하게 하는 말이 "현재를 즐기라."라는 말이다. 반은 동의하고 반은 동의하지 않는다. 미래가 불안하면 현재를 즐길 수 없다. 현재를 즐기고 싶어도 나도 모르게 미래가 불안해지기 때문이다. 사실 그런 불안 덕분에 우리는 일도 하고 신도 믿고 미리미리 준비하는 건 아닐까? 지금이 힘들어도 좌절하지 않고 열심히 사는 것 역시 오늘보다는 내일이 나을 수 있다는 희망 때문일 것이다. 내일은 인간의 가장 위대한 발명품이다.

다니엘 밀로의 저서 『미래중독자』에 나오는 내용이다.

원래 있던 기쁨 발견하기

최근 가장 행복했던 사건이 있었는가? 왜 행복했는가? 강의에서 이런 질문을 자주 던진다. 그럼 많은 사람이 최근 행복했던 일이 없었거나 기억나지 않는다고 답한다. 난 "그럼 언제쯤 행복할 예정인가요?"라고 되묻는다. 참 많은 사람이 행복과 기쁨이란 단어와는 별개의 삶을 살고 있다. 근데 기쁨은 어디선가 떨어지는 게 아니다. 이미 존재하는 걸 발견하는 것이다. 기쁨을 위해서는 내 문제를 벗어나 다른 사람의 문제를 볼 수 있어야 한다. 그럼 내 문제도 해결되고 그 과정에서 기쁨도 느낄 수 있다.

앤서니 힌튼이란 사람이 있다. 억울한 누명을 쓰고 감옥에서 무려 30년을 살았다. 처음 4년간은 분노한 나머지 아무 말도 하지 않고 누구하고도 사귀지 않았다. 인사도 하지 않고 심지어 교도관과도 글로만 소통했다. 그러던 어느 날 옆방 남자가 흐느껴 우는 데 자기도 모르게 왜 그런지 물었다. 그 남자가 어머니가 돌아가셨다고 답했다. 힌튼은 "이제 신 앞에서 당신을 변호해줄 사람이 한 명이 생긴

셈이네요."라고 조언했다. 그리고 농담을 건넸다. 그러자 그가 울음을 멈추고 웃었다. 이후 그는 자신의 문제가 아니라 다른 사람의 문제에 집중했는데 그러면서 감방에 기쁨이 넘쳤다. 사형선고를 받은 54명의 수감자와 교도관에게 좋은 선생이 됐다. 자신의 문제에서 벗어나 다른 사람의 문제를 생각하면서 일어난 일이다. 이처럼 기쁨이란 무슨 일이 있어서 생기는 감정이 아니다. 원래 존재하는 것인데 여러 이유로 발견하지 못하고 있을 뿐이다.

기쁨의 여덟 기둥을 소개한다. 기쁘기 위한 조건이다.

첫째, 관점이다. 관점을 바꾸면 세상을 다르게 볼 수 있다. 대부분 고통은 실제가 아니다. 스스로 착각으로 만들어낸 것이다. 불행해 보이는 사건도 관점을 바꾸면 행복해 보일 수 있다. 모든 일은 어떤 마음을 가졌는지에 달렸다. 감정을 바꾸기는 어렵지만 관점을 바꾸기는 쉽다. 비극적인 사건도 다른 관점에서 보면 기회가 될 수 있다. 관점은 행복의 문을 여는 자물쇠와 같다.

둘째, 겸손이다. 겸손은 자신을 낮추는 행위다. 자신의 한계를 알고 남을 존중하는 마음이다. 자신을 낮추면 사람들이 다가가기 편하다. 다른 사람과 쉽게 연결된다. 기쁨은 다른 사람과의 관계 속에서 생겨난다.

셋째, 유머다. 늘 심각한 사람이 있다. 심각하다는 것은 아직 영적으로 성숙하지 못하다는 징표다. 웃음과 유머는 영적 발전을 보여주는 보편적 지표다. 최고의 유머는 자신의 부족함을 소재로 하는 것이다. 그만큼 자신감이 있어야 가능하다. 자신에 대한 확신이 없는 사람일수록 자신을 지적하는 일에 민감하다. 그리고 자신보다는 남을 깎아내리는 데 에너지를 쓴다.

넷째, 수용이다. 지혜란 변화시킬 수 있는 것과 변화시킬 수 없는 것을 구분하고 변화시킬 수 없는 것을 받아들이는 것이다. 받아들이는 능력이 바로 수용이다. 여러분을 힘들게 하는 것은 뭔가? 사람과 세상에 대한 고정관념이다. 사람은 이래야 하고 직원은 저래야 하고 아내와 자식은 이렇게 행동해야 한다고 미리 각본을 짜놓는 것이다. 당연히 그 사람은 내 생각과 다르게 행동할 것이고 그 자체가 우리를 힘들게 한다. 삶이 이렇게 되어야 한다는 생각 대신 있는 그대로 받아들여야 한다. 그러면 삶이 수월해진다. 우리는 경험에 관해 늘 판단한다. "이건 좋아. 저건 싫어." 그다음에 반응한다. 하지만 그건 실제가 아니다. 두려움과 좌절을 느낄 때는 무엇이 그런 감정을 만들었는지 생각해야 한다. 대부분은 정신적 투사다. 귀신이 있다고 생각한다. 하지만 사실은 빈집이다. 내게 별 적대감이 없지만 적대감이 있는 걸로 생각한다. 있는 그대로 받아들일 수 있어야 한다.

다섯째, 용서다. 용서는 잊는 것이 아니다. 부정적으로 반응하지 않거나 부정적 감정에 휩쓸리지 않는 것이다. 용서는 잘못된 행동을 받아들이거나 승인하는 것을 의미하지 않는다. 배우와 배역을 구분하듯, 사람과 그가 한 일을 구분해야 한다. 잘못된 행동에 대해서는 적절하게 대응해야 하지만 잘못한 사람을 향한 분노나 증오를 발전시키지 말아야 한다. 용서는 자신을 치유하고 과거에서 벗어날 수 있는 유일한 길이다. 용서하지 않는다는 것은 상처 준 사람에게 얽

매여 있다는 것이다.

여섯째, 감사다. 감사는 우리를 둘러싸고 있는 모든 일들, 생활과 경험을 가능하게 해주는 모든 일을 다 인정하는 것이다. 감사는 우리가 가진 모든 일에 대한 관점을 변화시킨다. 못 가진 것에 초점을 맞추는 대신 가진 것을 생각함으로써 충만함을 느끼게 한다. 뭔가 행복한 일이 있어 감사하는 것이 아니라 감사하기 때문에 행복한 것이다.

일곱째, 연민이다. 우리는 늘 자신만을 생각한다. 근데 이런 것이 사실은 고통의 원천이다. 눈을 돌려 다른 사람에게 측은지심을 가져야 한다. 연민은 다른 사람의 고통에 공감하고 인정을 베푸는 마음이다. 공감에서 한발 나아가 타인을 위해 행동하게 이끄는 적극적 단어다. 어떤 사람이 돌에 깔린 것을 보면 단순히 고통을 느끼는 것이 아니라 그가 돌에서 빠져나올 수 있게끔 돕는 것이다.

여덟째, 베풂이다. 주는 것이 곧 받는 것이다. 아니 받을 때보다 줄 때가 더 기쁘다. 사람이 자신 안에만 갇혀 있으면 비참해진다. 사해가 죽음의 바다인 건 받기만 하고 주지 않기 때문이다. 베풂은 연민으로부터 출발한다. 연민이 있으면 자연스럽게 베풀게 되어 있다. 돈으로 행복을 살 수 있을까? 당연히 살 수 있다. 단, 그 돈을 내가 아니라 남을 위해 써야 한다. 자신을 위해 쓰는 것도 좋지만 남을 위해 쓸 때 큰 행복을 경험한다.

내 문제에서 벗어나 남의 문제에 연민을 가져라. 있는 그대로를 받아들여라. 내게 일어나는 일은 어쩔 수 없지만 그 일에 대해 어떻게 생각하는지는 내가 결정할 수 있다. 이미 내 안에 숨어 있는 기쁨을 발견하라.

달라이 라마와 아프리카에서 인종차별을 위해 평생을 투쟁한 데스몬드 투투 대주교의 대화록을 정리한 책 『기쁨의 발견 JOY』에 나오는 내용이다.

세상에 쓸모없는 것은 없다

부잣집 자녀로 태어난다는 것은 축복이다. 부잣집 자녀가 공부까지 잘하는 것은 큰 축복이다. 성격까지 좋고 마음 씀씀이까지 좋다면 더 이상 좋을 수 없다. 어려운 사람을 배려할 수 있다면 거의 기적에 가까운 축복이다. 근데 부자가 그렇게 된다는 것은 쉽지 않다. 가끔 내가 부잣집 아들이었다면 어땠을까 하는 상상을 한다. 공부를 열심히 하지는 않았을 것 같다. 아버지가 부자인데 내가 공부할 이유를 찾기 어려울 것 같다. 내가 노력을 안 한다고 가세가 기우는 것도 아니고 먹고사는 데 지장이 있는 것도 아니라서 동기부여가 안 됐을 것이다. 조금 하다 안 되면 그런대로 살았을 것이다. 어려운 사람을 이해하기 힘들었을 것이다. 돈이 없으면 은행에 가서 찾으면 되고 쌀이 떨어지면 라면을 먹으면 된다고 생각했을 것이다. 왜 사람들이 가난한지 이해하기 어려웠을 것이다. 하나님은 한꺼번에 두 가지를 주지 않으신다. 부자에게는 당뇨병을 주시고 가난한 사람에게는 자식을 주시는 법이다.

변호사 남편과 의사 부인이 결혼했다. 인물 좋고 공부도 잘하는 잘 어울리는 한 쌍이었다. 금슬도 좋았다. 얼마 후 아이를 낳았는데 아토피 증세가 심하다. 둘째도 낳았는데 역시 아토피다. 밤에 잠을 자지 못할 정도로 증세가 심했다. 부부는 절망했고 하나님을 원망했다. 방법이 없었다. 운동을 열심히 시키고 식단도 철저하게 조절했다. 즉석식은 물론 가공식품 근처에는 가지도 않았다. 자식들에게만 이를 강요할 수는 없어 부모가 솔선해서 그 일을 했다. 괴로운 일이었다. 세월이 흐른 후 부부는 이런 말을 했다. "참 원망을 많이 했어요. 어떻게 내게 이런 일이 일어나는지. 그런데 시간이 지나고 보니 큰 축복이었어요. 이 나이에 이렇게 건강하기 쉽지 않거든요. 완전히 표준 체중에 잔병은 찾아볼 수 없습니다. 애들 아토피 덕분에 우리가 이렇게 건강해졌답니다."

당뇨병으로 고생한 소설가 최인호 씨도 비슷한 고백을 한다. "당뇨병은 내게 주신 하나님의 선물이라고 생각한다. 자율적으로 공부하지 못하는 열등생에게 매일매일 숙제를 내주는 선생님처럼 내 게으른 성격을 잘 알고 계시는 하나님이 평생을 통해 먹고 마시는 일에 지나치지 말고 절제하라고 숙제를 주신 것이다."

엔지니어 출신의 김송호 박사도 우울증에 대해 비슷한 얘기를 한다. "우울증이 나쁜 면만 있는 것은 아니다. 우울증은 그동안 밖으로만 향해온 자아의 시선을 안으로 돌리려는 자연 현상일 수 있다. 타인을 위해 살던 삶에서 자신을 위한 삶으로 전환하기 위해 겪는 감기 같은 고마운 현상이다. 마치 우리 몸을 너무 혹사하면 몸살감기가 오면서 더 이상 무리하지 말고 쉬라는 경고의 현상으로 보면 된다. 이런 의미에서 우울증을 앓기 시작하는 중년의 위기는 자신을 찾아서 인생의 의미를 실현할 때가 되었다는 신호탄이다."

세상에 쓸모없는 것은 없다. 귀찮고 싫은 게 있으니까 예쁜 것도 예쁜 줄 알게 된다. 미운 게 있으니까 사랑스러운 것도 있다. 보기 싫은 사람이 있어서 마음에 드는 사람도 있다. 각박하고 험한 세상이라서 그렇지 않은 좋은 세상이 생각난다. 만약 좋은 사람만 있는 세상이라면 더 이상 좋은 세상이 아니다. 금이 좋긴 하지만 온 세상이 금으로 변하면 더 이상 금은 좋지 않다. 부처는 「보왕삼매론」에서 이렇게 말했다. "몸에 병 없기를 바라지 마라. 몸에 병이 없다면 탐욕이 생기기 쉽다. 그래서 성인이 말씀하시길 병고로써 양약을 삼으라고 하셨느니라." 세상에서 일어나는 일은 내 맘대로 하기 어렵다. 병이 생기는 것도, 자식이 속을 썩이는 것도, 가난으로 힘들게 사는 것도……. 하지만 그 일에 대해 내가 무슨 생각을 하는지는 내 맘대로 할 수 있다. 우리 삶은 해석하는 기술에 따라 품질이 달라진다.

마음의 평화도 그렇다. 우리가 힘든 이유는 세상을 보는 기존 가설에 문제가 있기 때문이다. 나에게는 좋은 일만 일어나야 하고, 내게는 병이 있으면 안 되고, 우리 자식만 잘나가야 하고 등등. 그래서 원하지 않는 일이 생길 때 가장 많이 하는 말이 바로 "왜 나만?"이다. 즉 "왜 내게 이런 일이 일어나는가?"라고 묻는다. 잘못된 가설이고 잘못된 질문이다. 난 "왜 나만?" 대신 "왜 나만 아닐까?"라고 물어야 한다고 생각한다. 내게만 그런 일이 일어나지 않기를 바라는 교만한 마음을 버려야 한다. 누구에게나 비슷비슷한 일은 일어난다. 부자라고, 지위가 높다고 병이 안 드는 건 아니다. 열심히 살았다고 늘 좋은 일만 일어나는 것도 아니다. 나한테도 언제든지 어떤 일이든 일어날 수 있다고 생각해야 한다. 중요한 건 그런 일이 일어났을 때 그 일을 어떻게 받아들이고 해석하느냐는 것이다. 해석을 잘하고 해석에 맞게 행동하면 불행한 사건도 괜찮은 사건으로 바꿀 수 있다. 그게 사는 맛이다.

모두가 한때일 뿐임을 알기

영어 표현에 "한 사람은 모두를, 모두는 한 사람을 위한다One for all, all for one."라는 말이 있다. 같은 의미로 『화엄경』에 '일즉일체다즉일 —即一切多即—'이란 말이 있다. 한 사람은 모두를 위하고 모두는 한 사람을 위한 삶이 되어야 한다는 말이다. 중생이 없으면 부처와 보살이 할 일이 없어지고 할 일이 없으면 존재 의미가 없어진다는 말이다. 풀어서 얘기하면 직원이 없으면 사장도 필요 없고 고객이 없으면 회사도 존재하지 않는다는 말이다. 여러분 속을 썩이는 부하직원과 고객이 사실은 여러분의 복을 일구는 밭이고 그 덕분에 존재 이유가 있다는 말이다.

속상한 일이 많은가? 어떤 고민을 지니고 있는가? 옛말에 천석꾼은 천 가지 고민, 만석꾼은 만 가지 고민을 한다고 한다. 고민의 근원은 바로 욕심이고 집착이다. 만일 욕심과 집착을 버릴 수 있다면 고민도 사라진다. 태국 출신 고승 아잔 차 스님은 이렇게 말했다. "조금 내려놓으면 조금 평화로워질 것이다. 많이 내려놓으면 많이 평화로워질 것이다. 완전히 내려놓으면 완전한 평화와 자유를 알게 될 것이다. 그때 세상과의 싸움은 끝난다." 엄밀히 따져 이 세상에 우리 것은 없다. 잠시 빌려서 갖고 있는 것뿐이다. 아무리 자기 것이라 하더라도 그 근원을 추적하면 다른 누군가가 가져야 할 것을 도중에 가로챈 것이나 다름없다. 가능한 한 많은 것을 내려놓아야 한다. 그러면 마음의 평화를 찾을 수 있다.

천천히 살아야 한다. 요즘 사람들은 너무 급하게 산다. 정신없이 빨리 달린다. 늘 마감 시간에 쫓긴다. 이것은 제대로 사는 것이 아니다. 시속 100킬로미터로 달려야 할 구간을 시속 140킬로미터로 달리면 연료 소모도 많고 정서가 불안해진다. 자신도 모르게 흥분해서 들뜨게 되고 피로가 가중된다. 본의 아니게 사고 날 확률이 높아진다. 속도는 그런 것이다. 속도와 효율성은 냉혹하고 비인간적이다.

행복한가? 행복은 주관적 가치다. 행복의 기준이 무엇인지 생각하는 대신 행복이 어디에 있는지를 살펴보아야 한다. 행복은 문을 두드리면서 찾아오는 것이 아니다. 바로 내 안에서 우러나오는 것이다. 법정 스님의 행복은 이렇다. "작은 화분을 사다 방안에 두고 가꾸는 것, 물도 주고 비료도 주고 차 찌꺼기도 주면서 색깔의 변화를 보는 것, 기침하는 것도 감사한다. 덕분에 한밤중에 깨서 별도 보고 달도 볼 수 있기 때문이다. 밤에 깨면 머리가 맑다. 맑고 투명한 그 자리가 바로 정토요, 별천지다. 더 이상 행복할 수 없다."

종교의 기본은 베풂이다. 남을 돕지 않고 베풀지 않는 것은 종교로서 가치를 상실한 것이다. "위로는 깨달음을 구하고 아래로는 중생을 구제해야 한다. 나 자신만을 위해 수행한다면 반쪽짜리 수행이다. 신앙생활을 하는 사람은 타인에 대한 보살핌이 동시에 따라야 한다. 그게 수행이다. 깨달음을 얻은 사람이 할 일이 무엇인가? 깨달음을 나누는 일이다. 지혜와 자비가 있어야 한다. 그것은 동전의 양면이다. 진정으로 지혜를 체험했다면 자비로 전환되어야 한다." 법정 스님의 말이다. 중요한 것은 베풀 때의 조건이다. 인디언들은 누군가에게 선물을 줄 때 전혀 생색내지 않고 상대 눈에 띄는 곳에 말없이 넣어두고 간다고 한다. 베풂의 최고 단계는 무주상보시無住相布施다. 베푼다는 것 자체를 인식하지 못하고 베푸는 것을 말한다. 도와줄 사람이 있다는 것이 감사하다고 생각해야 한다. '이들 덕분에 내가 복 쌓을 기회를 얻었구나.'라고 생각해야 한다. 베풀 때가 찾아오길 기다리지 말고 찾아가서 베풀어야 한다.

평상심이 바로 도다. 우리가 부자유한 것은 애증 때문이다. 미워하고 좋아하는 분별 때문이다. 인간의 가장 큰 병은 자신을 기준으로 삼는 데 있다. 자신만 생각하느라 남의 처지를 생각하지 못하는 것이다. 자기만 힘들고 남이 힘든 건 생각하지 않는다. 이 때문에 전쟁이 일어나고 미움이 생기고 환경을 파괴한다. 자신을 기준으로 삼지 말아야 한다. 나를 기준으로 삼지 않는 것이 바르게 보는 것이다. 생각이 많을 때는 버스를 타고 한참을 가도 바깥 풍경이 눈에 들어오지 않는다. 눈은 뜨고 있지만 망막에 상이 그려질 뿐 실제로는 보고 있지 않다. 마음이 복잡하면 눈앞의 실체를 볼 수 없다. 미워하고 좋아하고 싫어하고 사랑하는 이런 생각에서 벗어나 평상심을 찾아야 한다.

　기자가 법정에게 미래에 어떤 기대를 하고 있는지 물었다. 법정이 답했다. "저는 오늘을 살고 있을 뿐 미래에 관해서 관심이 없습니다. 저는 솔직히 내일과 미래에 대해 전혀 기대하지 않습니다. 어떤 계획도 없습니다. 그저 하루하루 그렇게 살아갈 뿐입니다. 바로 지금이지 그때가 따로 있는 것은 아닙니다. 과거를 따라가지 말고 미래를 기대하지 말아야 합니다. 한번 지나간 것은 이미 버려진 것이고 미래는 아직 오지 않았습니다." 삶은 소유에 있는 것이 아니라 순간순간의 존재에 있다. 지금 여기 내가 있다는 것이 중요하다. 영원한 것은 없다. 모두가 한때일 뿐이다. 그 한때를 위해 최선을 다해 열심히 살 수 있어야 한다. 순간순간이 아름다운 마무리이자 새로운 시작이어야 한다.

　법정 스님의 저서 『한 사람은 모두를, 모두는 한 사람을』에 나오는 내용이다.

겨울에 절제하고 가벼워지기

은퇴 후 어떤 계획이 있는가? 주변에는 자연과 친하게 지내는 사람들이 많다. 귀농하기도 하고 전원주택을 짓고 화초를 가꾸는 친구들이 많다. 그만큼 나이가 들면 자연이 그리워지나 보다. 작가 김용규는 도회지에서 살다 지금은 숲에 들어가 산다. 내비게이션에도 나오지 않는 곳이다. '백오산방'이란 집을 짓고 농사를 짓는다. '산'과 '바다'라는 이름의 개도 기른다. 한 달에 한 번 마을 주민들과 숲 세미나를 열어 밥을 먹고 강의한다.

그는 자연에서 많은 것을 배운다. 묘목을 심을 때 퇴비를 줄 것인가 말 것인가 하는 문제에서도 배울 것이 있다. 처음부터 퇴비를 주면 초기 성장에는 도움이 되지만 나무가 스스로 강해질 기회를 빼앗게 된다. 칡이 주변 나무를 감아 죽게 만드는 것을 보며 칡이란 존재에 대해 생각한다. 그가 생각한 칡의 역할은 시련을 주는 자다. 칡은 탁 트인 공간에서 자란다. 감긴 나무는 대부분 탁 트여 빛이 좋은 자리에서 자라는 행운을 얻는 대신 신은 칡이 주는 고통을 감수할 것을 요구한다. 그 시련을 견딘 나무만이 숲의 주인이 되는 것이다.

아궁이에 불을 지피면서도 인생과 연결해 생각한다. 우선 과욕을 부리면 안 된다. 불을 지필 때의 최종 목표는 큰 나무에 불을 붙이는 것이다. 하지만 쉽게 붙지 않는다. 먼저 종이, 마른풀, 낙엽 등으로 불을 지펴야 한다. 그다음 작은 나무에 불을 붙이고 이후 큰 나무에 불을 붙여야 한다. 서두르면 안 된다. 다음은 여백이다. 날이 추우면 빨리 불을 지피고 싶다. 나무를 가득 넣고 한꺼번에 태우고 싶다. 하지만 이렇게 되면 공기 흐름이 막혀 불이 꺼진다. 여백이 있어야 한다. 그래야 뜨거운 공기가 상승하고 차가운 공기가 내려온다. 마지막으로 부지깽이가 필요하다. 연소 과정에서는 장작의 배열이 흐트러지면서 산소 공급이 중단될 수 있다. 이때 부지깽이로 공간을 열어주어야 한다. 장작불의 스승은 부지깽이다. 우리 인생도 비슷하다. 서두르면 안 된다. 여백과 스승이 필요하다.

작가는 침묵의 중요성을 얘기한다. 그와 함께 사는 개들이 처음에는 정신이 없었고 사고도 많이 쳤다. 하지만 나이가 들면서 말썽을 부리지 않는다. 표정도 많이 변했다. 멀뚱히 주인을 보고 무심한 스님처럼 먼 곳의 풍경을 응시한다. 녀석들은 침묵과 함께 성장했다. 모든 생명은 성장 과정에서 요란하거나 현란함을 앞세운다. 하지만 진짜 성장은 침묵 속에서 이루어진다. 침묵하면서 생명의 소리를 듣게 된다. 허위 또한 잘라내게 된다. 참된 침묵은 내 거짓을 잘라내는 과정이다.

그는 건강한 농부의 삶을 추구한다. 더 많은 것을 취하기 위해 땅을 착취하고 생태계에 부담을 주는 대신 자연의 흐름을 거스르지 않는 것이다. 농약과 비료에 의존하는 대신 관계와 순환의 원리를 따라 농사를 짓고 싶어한다. 이를 위해서는 우선 그 일이 좋아야 한다. 농사만 지어도 먹고살 수 있다는 것을 증명해야 한다. 그러자면 땅을 알아야 한다. 작물뿐만 아니라 함께 자라는 이웃의 풀과 잡초도 알아야 한다. 관계있는 수많은 곤충과 새와 다른 생명도 알아야 한다. 착한 소비자의 지지도 있어야 한다. 모양이 못났어도 수많은 은혜로 빚어지는 농산물의 건강한 맛을 인정할 줄 아는 소비자가 필요하다.

여러분은 자연과 가까이하는가? 하고 싶어도 여유가 없어 쉽지 않다. 그런 분들에게 작가는 콩나물 기르기를 권한다. 콩나물값을 아끼자는 것이 아니다. 그 과정이 간단한 농사이자 자기성찰의 수단이 될 수 있기 때문이다. 식물을 키우다 보면 그 과정에서 자신을 돌아보고 많은 것을 배울 수 있기 때문이다. 자연은 가장 좋은 스승이다. 자연과 더불어 사는 것, 자연으로부터 배우는 것, 그것대로 실천하는 삶이 자연스러운 삶이다. 마지막으로 어려움을 겪는 사람들에게 김용규는 다음과 같은 위로의 말을 건넨다.

"자연에는 겨울이라는 시간이 있습니다. 사람도 자연의 일부인 까닭에 우리 삶에도 종종 겨울이라는 시간이 찾아옵니다. 하지만 대부분 사람은 겨울이 찾아온 것을 알지 못합니다. 겨울인데 꽃이 피기를 바랍니다. 그래서 고통이 있습니다. 겨울을 맞아 고통스러운 것이 아니라 겨울이 온 것을 알지 못한 채 지난해 봄처럼 여전히 꽃이 피기를 바라는 데 불행이 있습니다. 나무를 보십시오. 단풍은 나무들이 자기 욕망을 거두는 모습입니다. 나무는 성장을 멈춰야 할 시간임을 알고 있습니다. 모든 잎을 버리고 겨울을 준비합니다. 나무들은 나목이 되어 자기를 지킵니다. 겨울엔 오로지 자신을 지키는 일이 가장 중요하다는 것을 알고 있습니다. 더 이상 소비도, 생산도 하지 않아야 한다는 것을 알고 있습니다. 당연히 소비도 최소한으로 합니다. 간결해지고 가벼워집니다. 어쩌면 버티는 것일 수도 있습니다."

　김용규의 저서 『숲에서 온 편지』에 나오는 내용이다.

휘둘리지 않고 소신껏 살기

 나는 누구일까? 왜 살까? 지금 나는 제대로 사는 것일까? 가장 중요하고 늘 하게 되는 질문이다. 참 어려운 질문이지만 그런 질문에 제대로 답을 할 수 있다면 별생각 없이 사는 사람보다는 잘 살 확률이 높을 것 같다. 이를 도와주는 사람이 철학자다. 철학의 뼈대가 튼튼하면 쓸데없는 일을 하지 않고 본업에 충실할 수 있다. 휘둘리지 않고 소신껏 살 수 있을 것이다. 그런 철학자 여섯 명을 소개한다.

 중세에는 개인이란 개념이 없었다. 신과의 관계에서만 개인이 존재했고 홀로 선 개인이란 개념 자체가 없었다. 개인이란 개념을 처음 만든 사람이 바로 데카르트다. 그는 의심의 철학자다. 모든 걸 의심한다. 자신은 물론 당시로서는 절대 의심해서는 안 되는 신까지 의심했다. 불온한 사상과 까탈스러운 고집 때문에 근대철학의 아버지로 불린다. 의심해서는 안 되는 시대에 처음으로 의심해서는 안 될 것까지 의심하며 통념에 저항했다. 그 결과물이 바로 『방법서설』이란 책이다. 확실한 진리를 얻기 위해서는 상식을 포함한 모든 지식에 회의적인 태도를 가져보자는 것인데 제목 그대로 방법론적으로 회의하자는 것이다. "나는 생각한다. 고로 나는 존재한다."라는 그의 가장 유명한 말은 그런 생각의 핵심이다. 무조건 믿지 말고 의심하고 생각하자는 것이다. 데카르트 덕분에 사유의 중심이 신으로부터 인간의 이성으로 이동하는데 한마디로 신의 권위를 무너뜨린 것이다.

스피노자는 천재다. 다섯 살 때 유대 공동체의 랍비로 낙점되었고 모든 이의 기대를 한 몸에 받았다. 그 역시 위험한 질문을 한다. "신이 존재하는가? 신이 있다는 걸 어떻게 증명할 수 있는가?" 신이 존재한다는 걸 증명할 수 없다는 것이 그가 내린 결론이다. 그는 사람들이 신이 존재한다는 결론을 미리 내리고 거기에 과정을 억지로 맞춘다고 주장한다. 그는 데카르트의 『방법서설』을 읽고 유대 공동체와 이별한다. 자기 뜻대로 철학적 진리를 추구하겠다는 것이다. 유대인 사회에서 추방은 엄청난 일이다. 절대적 고독을 감수해야 했다. 암살의 위협에 시달렸고 실제 그런 일도 벌어졌다. 종교재판에 끌려가서도 오히려 당당히 맞섰다. "신이 있다는 걸 증명해보라. 나를 유대인으로 만들고 싶으면 나를 설득해보라." 그는 증명을 좋아했다. 사유의 결과를 증명할 수 있어야 한다는 것이다. 그의 결론은 개인의 자유와 행복이다. 인간은 누구나 자유를 누려야 하고 행복을 추구할 권리를 보장받아야 한다는 것이다. 지금은 누구나 당연하게 생각하는 것이지만 당시에는 불온한 사상이었다. 그는 현대 국가관을 만들고 근대 서양의 시민 윤리의 근거를 만든 사람이다.

철학에서 칸트의 영향력은 절대적이다. 칸트 이전의 철학이 칸트에게 흘러 들어갔고 칸트 이후의 철학은 칸트로부터 흘러나왔다는 말이 있을 정도다. 칸트는 확신을 가진 개인을 추구한다. 자신으로 살기 위해서는 확신이 있어야 한다는 것이다. 필요한 순간 "그렇다." 혹은 "아니다."라고 힘주어 말할 수 없다면 온전한 개인이 아니란 것이다. 그는 다양한 분야의 지식을 터득했다. 하지만 정교수가 되기까지 15년이 걸렸다. 46세가 되어서야 정규직 교수가 되고 집은 60세에 마련할 수 있었다. 칸트의 전반전은 생활고로, 후반전은 강의 지옥으로 정리할 수 있다. 57세에 『순수이성비판』을 내고 이어 『실천이성비판』과 『판단력 비판』을 내놓으며 존경받는 지식인이 됐다. 그가 쓴 『순수이성비판』은 이성을 비난하는 것이 아니다. 이성의 한계와 기능을 명확히 판가름하자는 취지다. 칸트는 경험론의 결핍과 합리론의 오류를 바로잡아 인간의 인식을 재정립하고자 했다. 이를 한 줄로 요약할 수 있다. "내용 없는 사유는 공허하고 개념 없는 직관은 맹목적이다." 인간의 얇은 경험이라는 재료를 이성으로 깎아낸 결과물이란 것이다.

변증법으로 유명한 헤겔의 철학은 현실에 대한 문제의식에서 출발한다. 그는 7년 동안 가난한 가정교사 생활을 전전하며 철학 논문을 집필했다. 그의 책을 내주는 출판사도 없었다. 『정신현상학』이란 책을 내면서 인생이 조금씩 풀리기 시작했다. 헤겔 하면 변증법이 연상된다. 대강 이런 내용이다. "물컵이 있습니다. 위에서 보니 동그랗습니다. 동그랗다는 테제These가 만들어집니다. 원래 이해된 상태인 정$_正$입니다. 근데 옆에서 보니 동그랗지 않은 사각형입니다. 원래의 테제에 오류가 생긴 것인데 이게 안티테제인 반$_反$입니다. 서로 모순처럼 보이지만 둘 다 맞습니다. 정과 반을 합하면 원통형이라는 새로운 명제가 만들어지는데 이게 진테제$_{synthese}$인 합$_合$입니다. 셋을 순서대로 하는 게 정반합이고 이 정반합은 반복됩니다."

쇼펜하우어는 인간인 이상 고독할 수밖에 없고 결핍이 없는 사람은 없다고 말한다. 하지만 실제는 애정을 갈구했다. 그의 양면성은 『쇼펜하우어의 인생론』에 잘 드러난다. "추운 겨울날, 고슴도치들은 얼어 죽지 않고 체온을 유지하기 위해 바싹 달라붙어 한 덩어리가 된다. 그러나 곧 가시가 서로를 찌른다는 걸 느껴 떨어진다. 추위를 견딜 수 없어 다시 한 덩어리가 된다. 그러자 가시가 서로를 찔러 또다시 떨어진다. 이를 반복하던 그들은 상대의 가시를 견딜 수 있는 적당한 거리를 발견한다. 그게 바로 정중함과 예의다."

마지막으로 니체다. 니체는 데카르트와 마찬가지로 허약한 체질 때문에 어린 시절 대부분을 누워서 보냈다. 그의 철학은 투쟁적이다. 여기서 투쟁은 나 자신과의 투쟁이다. 가장 든든한 전우도, 최강의 적도 바로 나 자신이란 것이다. 그가 말한 '위버멘쉬', 즉 초인의 개념은 이렇게 탄생한다. 위버멘쉬란 인간 자신과 세계를 긍정할 수 있는 존재이며 지상에 의미를 부여하고 완성하는 주인 역할을 하는 존재를 말한다. 나 자신과 타인 모두를 있는 그대로 긍정하며 현실에 충실해야 한다는 것이다. 내가 삶의 주인이자 세계의 중심이기 때문에 어제의 나를 버리고 더 뜨거운 오늘을 살아야 한다는 것이다.

현재 여러분의 어려움의 원인을 뭐라고 생각하는가? 난 철학의 결핍, 철학의 부족을 원인으로 생각한다. 철학이 없어서 쉽게 흔들리고 중심을 잃고 해야 할 일을 하지 않고 하지 말아야 할 일을 하면서 어려움을 겪게 된다고 생각한다. 해결책은 철학적 토대를 튼튼히 하는 것이다. 다른 방법은 없다.

홍대선의 저서 『어떻게 휘둘리지 않는 개인이 되는가』에 나오는 내용이다.

8장
부정적인 것들을 멀리하기

마음의 밭을 갈아라

어떻게 해야 마음의 평화를 얻을 수 있을까? 첫째, 혼자 있는 시간을 확보하고 가만히 앉아 있는 것이다. 장자는 허정虛靜을 추앙했다. 텅 비어 고요하고 욕심 없이 담박하며 적막하게 아무것도 하지 않는 것을 말한다. 허정을 통과해야 통찰의 경지에 이를 수 있다. 고요한 뒤 안정이 오며 안정이 와야 생각할 수 있다. 생각해야 얻을 수 있다. 정안여득靜安慮得이 그런 말이다. 비슷한 말로 '담박명지澹泊明志 영정치원寧靜致遠'이란 말이 있다. '담박'은 욕심이 없고 소박한 상태고 '명지'는 분명한 뜻을 의미한다. 욕심과 탐욕을 멀리하고 마음을 평온하게 해야 진정한 목표와 뜻을 깨달을 수 있다는 말이다. 마음이 깨끗해야 밝은 뜻을 가질 수 있고 편안하고 고요해야 원대한 포부를 이룰 수 있다는 말이다. 제갈량이 아들 제갈첨에게 학문의 길을 훈계한 『계자서』에 나오는 말인데 안중근 의사가 순국 한 달 전에 써서 유명해진 문구이기도 하다. 늘 사람들 사이에 있고 잠시도 쉬지 않고 떠들면 마음의 평화는 물 건너간 것이다. 혼자 앉아 가만히 침묵하라. "반일 정좌하고 반일 독서하라." 하루의 절반은 고요히 앉아 마음을 기르고 나머지 절반은 책을 읽으라는 주자의 말이다.

둘째, 혼자 있는 공간을 확보하고 정리하고 정돈하라. 가득 찬 것보다 조금 빈 것이 좋다. 채우는 일보다 치우는 일이 중요하다. 장자는 이를 낙출허樂出虛라고 했다. 최상의 즐거움은 '텅 빈 충만'이란 말이다. 시각적 소음이란 말이 있다. 시각에 혼란을 주는 요소가 많은 상태다. 시각적으로 어지러우면 시끄러운 상태에 있는 것과 같다는 말이다. 잡동사니로 가득한 곳에서 마음의 평화를 얻을 수는 없다. 마음의 평화를 위해서는 공간도 깨끗하고 잡음도 없애야 한다. 공간이 더럽고 어지럽고 복잡하면 안 된다. 잡동사니를 치운다는 것은 그저 소유물을 버리는 것이 아니다. 그 소유물과 함께 자신이 오랫동안 간직했던 두려움을 버리는 일이다.

셋째, 최상의 몸 상태를 만들어라. 마음이 몸이고 몸이 곧 마음이다. 컨디션이 엉망인 상태에서 마음의 평화를 얻을 수는 없다. 이를 위해 적게 먹고 활동량을 늘리고 운동하고 푹 자라. 도인들은 오후 불식이다. 오후에는 밥을 먹지 않는다. 적게 먹는 게 핵심이다. 왜 그럴까? 많이 먹으면 그걸 소화하느라 뇌로 가야 할 피가 위장으로 가면서 졸리고 머리가 띵하다. 적게 먹고 많이 움직여야 한다. 몸을 힘들게 해야 숙면할 수 있는데 현대인은 반대다. 현대인이 불면증에 시달리는 이유 중 하나는 너무 편하기 때문이다. 내가 생각하는 숙면은 열심히 하루를 산 사람에게 오는 축복이다.

넷째, 공부하라. 마음의 평화를 깨는 주범은 불안인데 이는 자연스러운 현상이다. 너무 빠른 변화에 따른 결과물이다. 앞이 보이지 않으면 불안한 것은 당연하다. 이를 없애는 최선은 공부다. 알면 불안을 줄일 수 있다. 특히 역사를 공부하라. "십 년 전 역사를 더 공부하고 예측 자료를 덜 읽겠다는 목표를 세웠다. 그 결정은 내 인생에 놀라운 변화를 가져왔다. 역사를 알수록 미래에 대한 불안감이 줄었다. 불확실한 앞날을 예측하려는 어설픈 시도를 멈추고 대신 절대 변하지 않는 것에 집중하면 보이지 않던 것들이 보이기 시작한다. 인간의 머리는 1920년이나 2000년이나 2020년이나 똑같기 때문이다." 모건 하우절의 『불변의 법칙』에 나온 말이다.

다섯째, 통제할 수 있는 일과 통제할 수 없는 일을 구분하고 통제할 수 없는 일에 대한 것은 잊어라. 해결할 수 없는 문제는 늘 존재한다. 날씨, 죽음, 일상사가 모두 그렇다. 해결하려고 너무 애쓰는 것이 오히려 문제를 악화시킨다. 해결하려고 애쓰지 않으면 오히려 문제가 사라진다. 바꿀 수 없는 걸 받아들이는 평온함과 바꿀 수 있는 걸 바꿀 수 있는 용기, 이 둘을 분별하는 지혜를 추구해야 한다. 누구도 현실을 바꿀 수 없다. 바꿀 수 있는 유일한 건 현실을 대하는 우리의 태도뿐이다. 인생은 계획대로 되지 않는다. 인생은 공정하지 않다. 고통은 삶의 일부다. 늘 일이 잘 풀리기를 기대하지 말라. 일이 잘 풀리지 않는 걸 디폴트로 생각하라.

여섯째, 미루던 일을 해치우라. 뚜렷한 이유 없이 긴장하고 불안하다면 해야 할 일을 미루고 있을 경우가 많다. 미뤄둔 일 때문에 긴장하게 된다. 쓸데없이 정신적 에너지와 육체적 에너지를 끄게 된다. 해결 방법은 해야 할 일을 가능한 한 빨리 해치우는 것이다. 마감일을 앞두고 글쓰기가 싫을 때가 많다. 그럼 늘 마음 한구석이 불편하다. 내야 할 세금도 그렇다. 자동차 정비도 비슷하다. 그럴 때는 후다닥 해치우면 된다.

일곱째, 나를 향한 관심의 일부를 남에게 돌리는 것이다. 현대인의 최대 문제는 자아 비만이다. 자아가 너무 뚱뚱하다. 자신을 너무 소중히 생각한다. 소중히 생각해도 너무 소중히 생각한다. 당연히 다른 사람들이 들어올 틈이 없다. 동양에서는 원래 자아에 대한 개념이 약하다. 자신을 드러내는 대신 자꾸 자신을 없애야 한다. 『장자』의 오상아吾喪我와 무아無我도 그렇다. 나를 없애라는 것이다. 가짜의 나, 모든 걸 알고 있다는 착각, 내 경험이 최고라는 편견 등이 다 삶을 어렵게 한다는 것이다.

마음의 평화는 쉽게 깨진다. 얻기가 어렵다. 마음의 평화를 위해서는 심전경작心田耕作해야 한다. 마음의 밭을 갈아야 한다는 말이다. 어떻게 갈아야 할까? 방법 하나는 나만의 해석 능력을 키우는 것이다. 좋은 일과 나쁜 일을 사회통념으로 보는 대신 나만의 눈으로 해석하는 것이다. 그럼 나쁘게 보이는 사건에서도 좋은 걸 볼 수 있고 좋아 보이는 사건에서도 조심할 것을 찾을 수 있다. 이런 것이 쌓여 마음의 평화를 얻는 능력이 생기는 것이다.

마음의 평안이 행복이다

천국이란 어떤 곳일까? 지옥과 천국은 어떤 면에서 가장 큰 차이가 날까? 우리가 생각하는 천국의 조건은 무엇일까? 마음이 편안할 때 나는 가장 좋다. 경치가 좋고 먹을 것이 많아도 마음이 불편하면 경치도 눈에 들어오지 않고 맛난 것을 먹어도 무슨 맛인지 모른다. 주변을 의식해야 하는 만찬 자리는 그래서 불편하다. 무언가 다른 사람 옷을 입고 어색한 표정으로 앉아 있어야 한다는 사실이 불편하다. 김치찌개 하나뿐이라도 편한 식사가 좋다.

대학로를 지나가다 '마음의 평화는 은행 잔고로부터 온다.'라고 쓰여 있는 현수막을 봤다. 보는 순간 격하게 공감했다. 맞는 말이다. 은행 잔고가 간당간당하면 마음이 불안하다. 뭐 하나 살 때도 가격표를 보고 살지 말지 고민하게 된다. 근데 은행 잔고가 두둑하면 가격 따위는 의식하지 않고 사고 싶은 걸 마음대로 산다. 거기서 오는 마음의 평화가 무엇보다 컸다. 난 그런 일을 숱하게 경험했다. 사람들이 돈에 집착하는 이유도 사실은 돈이 주는 마음의 평화 때문이 아닐까? 효도도 그렇다. 왜 사람들은 부모님께 효도할까? 물론 순수한 마음에서 부모님을 찾아뵙고 맛난 것을 사 드리고 한다. 하지만 사실은 본인을 위해서 그런 행동을 한다. 그래야 마음이 편하기 때문이다. 나 역시 그러하다. 어머니는 혼자 사시는데 씩씩하고 활달한 분이시다. 자주 찾아뵙지 않아도 별말씀하지 않으신다. 바쁜데 무엇 때문에 오냐고 하신다. 그렇지만 주기적으로 찾아뵙고 음식을 대접한다. 그러고 나면 얼마 동안 마음이 편안하다. 그런 면에서 효자는 이기적인 사람이다. 부모님을 위해서라기보다 자신을 위해 그런 행동을 하기 때문이다.

친척 중 부모 자식 간에 10년 넘게 등을 돌리고 사는 사람이 있다. 그 친척을 보면 안 됐다는 생각이 든다. 얼굴이 시커멓고 늘 불안하다. 자식을 결혼시켜 사위까지 보았는데 얼마나 면이 서지 않을까? 새로 맞은 사위에게는 뭐라고 변명할까? 그래서인지 그 사람은 자기 가족을 제외한 모든 친척에게 많은 정을 쏟는다. 때맞춰 전화도 하고 살갑게 군다. 아마 자신이 그렇게 나쁜 사람은 아니라는 사실을 증명하고 싶어서 아닐까?

마음의 평화는 자신에게 충실할 때 얻어진다. 해야 할 일을 하고 하지 말아야 할 일을 하지 않을 때 마음의 평화가 온다. 시험 때 공부하지 않고 딴짓할 때 얼마나 마음이 불안한가? 거짓말을 할 때 마음의 평화가 깨지는 것을 우리는 이미 경험했다. 자기 생각, 말, 행동 사이에 차이가 없어야 평화가 온다. 속으로는 그렇게 생각하지 않는데 눈치 때문에 그렇다고 얘기하면 마음이 불편하다. 평화란 가만히 있는 것을 의미하지 않는다. 오히려 부단히 움직이는 것을 의미한다. 마음이 편하냐 불편하냐는 우리 삶을 지탱하는 나침반 역할을 한다. 흔히 사람들은 마음이 편한 것보다는 몸이 편한 것을 찾는다. 하지만 반대가 되어야 마음의 평화가 온다.

"사람이 정직하게 말하는 이유는 무엇일까? 신이 거짓말을 금지했기 때문이 아니다. 거짓말을 하지 않는 것이 마음이 가장 편하기 때문이다." 니체의 말이다. "건강은 최상의 이익, 만족은 최상의 재산, 신뢰는 최상의 인연이다. 그러나 마음의 평안보다 행복한 것은 없다." 『법구경』에 나오는 말이다.

가장 약한 고리가 먼저 끊어진다

 '워라밸'이란 말이 불편하다. 워라밸은 일과 삶이 균형을 이뤄야 한다는 말이다. 균형은 구분의 의미가 강한데 과연 둘을 구분할 수 있냐는 것이다. 구분할 수 없는 걸 억지로 구분하면 다른 부작용이 있게 마련이다. 구분의 의미가 강한 '밸런스'라는 말 대신 조화를 뜻하는 '하모니'를 넣으면 더 좋을 것으로 생각한다. 구분하는 것보다는 조화를 이루는 것이 바람직하다. 우리 인생도 그렇다. 부는 더욱 그렇다. 그냥 무지막지하게 돈이 되는 일이라면 물불 가리지 않고 버는 것보다는 '조화로운 부'를 추구하는 것이 바람직하다.

 '조화로운 부'란 개념을 명확히 하기 위해서는 조화로운 부의 반대는 무엇일지 생각해야 한다. 하나를 쫓느라 다른 것들이 무너지는 게 아닐까? 돈을 버느라 가족과의 관계를 망치거나 건강을 잃는 것이다. 관계만을 위해 사느라 다른 것을 소홀히 하는 것이다. 진정한 부는 돈만 많은 게 아니다. 관계만 좋은 것도 아니다. 진정한 부를 위해서는 다섯 기둥이 필요한데 이 다섯 기둥은 상호 의존적이다.

서로가 서로에게 도움을 주고 동반 상승한다.

첫째 기둥은 재정적 기둥이다. 잔고에서 마음의 평화가 온다는 애기를 듣고 공감한 적이 있다. 그만큼 돈이 중요하다. 근데 돈이 왕창 생긴다고 이 문제가 해결되는 걸까? 복권에 당첨된 사람들은 수년 내 대부분 파산한다는 애기는 유명하다. 왜 그럴까? 왜 그들은 자신의 부를 유지하지 못할까? 그 사람이 그런 부를 감당할 그릇이 되지 않았기 때문이라고 생각한다. 사람마다 그릇 크기가 있는데 그 크기를 키워야 부도 따라온다. 핵심 키워드는 성장이다. 내면과 외면이 모두 성장해야 한다. 내면이 성장하는 건 '인볼루션$_{involution}$'이고 외부로 나타나는 결과는 '이볼루션$_{evolution}$'이다. 순서는 내부 성장이 먼저다. 내부가 성장해야 외부가 달라진다.

둘째 기둥은 관계의 기둥이다. 행복은 돈보다 관계와 더 연관이 크다. 관계에는 세 가지가 있다. 자신과의 관계, 남과의 관계, 세상과의 관계가 그것이다. 좋은 관계를 위해서는 우선 자신과 관계가 좋아야 한다. 자신과 관계가 안 좋은 사람이 다른 사람과 좋은 관계를 맺기는 힘들다. 다음은 좋은 사람을 만나 그들과 좋은 관계를 맺는 것이다. 좋은 관계를 위해서는 나 자신이 사랑에 빠지고 싶은 사람이 되어야 한다. 그가 무엇을 말하고 어떻게 행동했는지는 금방 잊는다. 하지만 그에게서 받은 느낌은 절대 사라지지 않는다. 관계에도 성장이 필요하다. 한 사람은 성장하는데 다른 한 사람은 성장이 멈추면 관계는 단절된다. 관계를 유지하려면 둘 다 성장해야 한다.

셋째, 정신적 기둥이다. 정신적 기둥에는 두 가지가 있다. 지적 능력과 감성적 능력이 그것이다. 지적 능력은 새로운 정보를 흡수하고 합성하는 능력, 아이디어를 만드는 능력, 전략적 능력이다. 감성적 능력은 자연스러운 감정의 흐름에 따라 삶을 사는 능력이다. 감정에 휘둘리는 대신 내가 감정을 조절하는 능력이다. 핵심은 좋아하는 일을 하는 것, 영감에 따라 움직이는 것, 강점에 집중하는 것이다. 정신적 성장을 위해서는 믿음을 바꿔야 한다. 믿음은 자동 온도조절기와 같다. 그가 가진 믿음에 따라 살게 된다. 정신적 기둥을 굳건히 하기 위해서는 생각, 감정, 행동이 같은 방향으로 움직여야 한다. 진정한 부를 얻으려면 생각과 믿음은 물론 감정까지 조절할 수 있어야 한다. 감정의 지배를 받는 대신 감정을 지배할 수 있어야 한다.

넷째, 육체적 기둥이다. 몸이 먼저일까, 아니면 정신이 먼저일까? 혹시 만삭의 몸으로 누군가에게 설교하고 있지는 않는가? 정신보다 몸이 먼저다. 머리에 몸이 딸린 게 아니라 몸에 머리가 딸린 것이다. 몸이 시원치 않은데 일을 제대로 할 수는 없다. 건강하지 않은 몸으로 돈을 벌거나 좋은 관계를 유지할 수는 없다. 몸이 먼저다. 내가 생각하는 몸은 신전이다. 몸을 정결하게 하고 귀하게 다루어야 한다. 좋은 음식을 먹고 많이 움직이고 열심히 운동하고 충분하게 수면해야 한다. 빛이 나도록 성전을 갈고 닦아야 한다.

다섯째, 영적 기둥이다. 영적靈的 존재란 무엇일까? 내가 생각하는 영적인 것의 정의는 이렇다. "나는 우주와 연결되어 있다. 나 혼자 잘살 수는 없다. 남이 잘되어야 나도 잘될 수 있다. 나만 잘되려는 걸 넘어 지구를 생각하고 이웃을 생각한다." 그러면 생각과 행동이 달라진다. 한자로 영靈이 하늘과 내가 연결되었다는 의미인데 비슷한 맥락이라고 생각한다. 스스로 영적 존재라고 생각하는가? 언제 그걸 느끼나? 무엇이 영감을 주는가? 영감은 신성한 숨을 불어넣는 것이다. 위대한 음악을 듣는 것, 자연 속을 산책하는 것, 조깅하는 것에서 영감을 얻을 수 있다. 현실에서 영적 존재가 되는 건 종교를 넘어선다. 자기 일을 소명으로 생각하고 하는 일을 통해 우주와 연결하려고 하는 것이다. 하는 일에 최선을 다하고 일을 통해 다른 사람에게 사랑을 전하는 것이다.

'약한 고리 이론'이란 게 있다. 일정한 하중이 가해질 때 고리 중 가장 약한 고리가 먼저 끊어진다는 것이다. 우리 삶도 그렇고 마음의 평화도 그렇다. 돈만 많다고 육체만 건강하다고 마음의 평화가 오는 건 아니다. 내가 생각하는 마음의 평화는 포트폴리오와 같다. 다리 다섯 개가 다 제 역할을 하는 게 중요하다. 현재 여러분 삶은 어떤가? 가장 약한 다리는 어느 것인가?

서로가 서로에게 영향을 끼친다

내 마음대로 되는 일은 별로 없다. 노력한다고 다 되는 것도 아니고 원한다고 다 얻을 수 있는 것도 아니다. 하지만 어떨 때는 반대의 경험도 한다. 어떻게 내게 이렇게 좋은 일이 일어날 수 있을까, 이렇게 행복해도 되는가 하는 생각도 하게 된다. 그만큼 세상사는 복잡하다. 서로가 서로에게 영향을 끼치고 있다. 보이지 않는 힘이 우리 세상을 지배하는 것 같다. 타력이란 눈에 보이지 않는 커다란 힘이다. 보이지는 않지만 내 삶을 떠받치고 있는 힘이다. 눈에 보이지는 않지만 확실하게 내 삶에 영향을 주는 우주의 힘이다. 난 그 힘을 믿는다. 나는 가만히 있지만 나를 응원하는 수많은 사람의 힘이 나를 위해 움직이는 것이다.

구시켄 고지는 1984년 로스앤젤레스 올림픽에서 체조 부문 금메달을 딴 후 이렇게 말했다. "정말 믿을 수 없어요. 제힘으로 했다고는 생각할 수 없어요. 하느님이든 부처님이든 절대 존재가 힘을 빌려주었다는 생각입니다. 그렇게밖에 생각할 수 없어요." 어떤 일을 성취하기 위해서는 힘껏 노력해야 한다. 하지만 어느 정도까지만 해당한다. 그 이상의 성과를 내기 위해서는 뭔가 보이지 않는 힘의 도움이 필요한데 그게 타력이다.

엔진이 없는 나룻배는 바람이 없으면 움직이지 않는다. 아무리 애를 써도 소용없다. 바람이 있어야만 한다. 살다 보면 일이 잘 풀리지 않을 때가 있다. 아무리 노력해도 실패만 하는 시기도 있다. 이럴 때는 가만히 있어야 한다. 세상을 원망하지 말고 가만히 움츠리는 것이 낫다. 그러다 바람이 불면 그때 움직여야 한다. 돛을 올려야 한다. 다 때가 있다는 말이다.

선불교에서는 병을 불안이라고 한다. 불안으로 몸 상태가 불안정해지고 균형이 무너지면서 404가지 병이 드러난다는 것이다. 살아있어 아픔은 당연하다는 것이다. 그런 면에서 투병이란 말은 옳지 않다. 병은 투쟁의 대상이 아니라 달래면서 같이 살아가야 할 존재다. 그런 면에서 암은 운이 좋은 병이라고 생각할 수도 있다. 천천히 진행되기 때문에 치료하지 않아도 어느 정도는 살 수 있기 때문이다. 죽기 바로 전까지 혼자 힘으로 화장실도 갈 수 있다. 책을 읽고 만나고 싶은 사람을 만날 수도 있다. 심근경색이나 뇌경색으로 갑자기 쓰러져 의식이 사라지는 것에 비해 고마운 병이다.

그렇다고 손을 놓고 모든 일을 위임하자는 말은 아니다. 하지만 우리는 무엇이든 타인의 손에 맡기고 잊어버린다. 애들 교육은 학교와 선생에게 위임한다. 뭔가 문제가 생기면 학교와 선생에게 불평한다. 맡긴 순간부터 애들 교육은 내가 아니라 학교 책임이라고 생각한다. 예의범절까지 학교에서 가르쳐주길 바란다. 학비도 내고 세금도 내니까 당연하다고 생각한다. 이렇게 하면 마음은 편할 것이다. 개인의 자산과 재정문제는 은행에 맡긴다. 세금 쓰는 방식은 정부에 맡긴다. 건강은 의사에게 맡긴다. 근데 그러면 안 된다. 이 모든 문제는 철저히 우리 자신의 문제이고 우리가 해결해야 한다.

 인생의 고통은 마음대로 되지 않는 것을 마음대로 하려고 할 때 생겨난다. 생로병사가 그렇다. 태어나는 것도, 노화도 피할 수 없다. 세월의 흐름을 잘 보고 흐름에 맞게 사는 것이 잘 사는 것이다. 그런 면에서 인도 사람들은 현명하다. 인도에서는 인생을 네 시기로 나누어 생각한다. 가장 젊은 시기는 학생기學生期다. 20대 전반까지로 사회에 나오기까지의 준비기간을 말한다. 둘째는 가주기家住期다. 50세 정도까지로 가족을 지탱하고 회사에 공헌하는 시기다. 한창 일하는 장년기다. 셋째, 임주기林住期다. 혼자가 되어 자연 속에서 자신의 과거와 미래, 인간이란 무엇인가에 대해 생각하는 시기다. 속세에서 벗어나 자기와 대화하고 하찮은 존재인 인간의 모습을 응시하는 시기다. 50세를 넘기면 청경우독의 인간다운 생활과 내면생활을 가까이하는 유행기遊行期다. 천수를 다할 날이 얼마 남지 않은 순례의 시기다. 신성한 강가로 가서 죽음을 기다린다. 집도 재산도 모두 버려두고 헐렁한 자루 하나 들고 방랑을 떠난다. 저승길로 떠나는 여행이다. 등산은 올라갈 때보다 내려갈 때가 중요한데 인생도 비슷하다. 마무리가 중요하다. 이츠키 히로유키의 저서 『타력』에 나오는 내용이다.

남아 있는 시간은 소중하다

젊은 시절에는 시간이 많다고 생각했다. 새털처럼 많은 이 시간을 어떻게 보낼 것인지가 주요 관심사였다. 기회비용 같은 단어는 알지도 못했고 설혹 알았다 해도 달라질 것은 없었다. 나이가 들면서 달라지는 것 중 하나는 시간에 대한 가치다. 젊은이의 1년과 노인의 1년은 가치가 매우 다르다. 나이가 들수록 시간의 가치는 올라간다. 나이가 들면 시간이 너무 빨리 흐른다. 하루하루가 너무 아깝다. 정말 잘 보내야 한다는 강박관념에 사로잡힌다. 그래서 시간을 헛되게 쓴 날은 기분이 좋질 않다. 나이가 들수록 시간을 잘 써야 한다. 잘 쓰고 싶다. 생산적으로 쓰기 위해 노력해야 한다.

미국에서 유학 중인 딸을 보러 미국에 갈 것인지 말 것인지를 두고 계속 고민했다. 적어도 1년에 두 번은 보고 싶은데 어느 정도 미국에 머물지 판단이 서질 않았다. 일주일을 보내면 그만큼 일을 할 수 없고 경제적으로 손실이 컸다. 결국 보름 정도 있기로 결심했는데 나로서는 엄청난 투자고 긴 시간이다. 내가 그렇게 결심한 이유는 명확했다. 돈보다 가족과 같이 있는 시간이 중요하기 때문이다. 돈이야 다른 기회를 통해 벌 수 있지만 딸과 같이 있는 시간은 지금 아니면 안 되겠다고 생각했기 때문이다.

주변에 바쁜 사람투성이다. 새벽부터 밤늦게까지 일하고 가족과 시간을 거의 보내지 못한다. 물론 잘나가기 때문이다. 그분들에게 나중에 무슨 일을 할 것이냐고 물어보면 한결같다. "은퇴해서 집사람과 세계여행이나 다녀야지요." "시골에 예쁜 집을 짓고 오손도손 지내야지요." 하지만 그분 아내에게 물어보면 답이 다르다. "무엇 때문에 그 사람과 여행을 가나요?" "그 사람과 지내는 게 재미없어요. 애들도 좋아하지 않아요." 남자들은 가족을 위해 돈을 버느라 가족과 시간을 보낼 수 없다며 양해를 구한다. 하지만 막상 가족은 그렇게 생각하지 않는다. 돈이 중요할지라도 더 중요한 것은 가족과 시간을 같이 보내는 것이다.

나이를 먹을수록 우선순위와 그에 따른 선택이 중요한데 선택은 가치관의 문제다. 내가 어떤 일에 가장 높은 가치를 두느냐가 결정의 주요 요소다. 또 그 선택에 따라 인생이 달라진다. 가치는 다른 사람이 관여할 수 없는 부분이다. 오로지 본인이 선택해야 한다. 당연히 결과도 본인이 책임져야 한다. 인생은 끊임없는 선택의 연속이다. 어느 한쪽을 선택하면 다른 쪽은 포기해야 한다.

내 인생에 가장 중요한 일은 무엇일까? 우선순위는 어떻게 될까? 나는 우선순위에 따라 살고 있는가? 이대로 살다 가도 후회하지 않겠는가? 이대로 살면 어떤 결과를 예상하는가? 만일 그렇지 않다면 무엇을 어떻게 고쳐야 할 것인가? 언제 마음이 불편할까? 속으론 이게 아니라고 생각하지만 그렇게 살 수밖에 없을 때다. 정의를 중시하는 사람이 불법인 일에 참여할 때 불편하고 불안하다. 워라밸을 소중히 하는 사람이 매일 잔업에 시달릴 때도 그렇다. 가족과의 관계를 중시하는 사람이 상사의 지시에 따라 주말에 회사를 나갈 수밖에 없을 때도 마음이 편치 않다. 인생을 내 맘대로 하면서 살 수는 없다. 하지만 그 빈도가 잦아지면 자꾸 마음이 불편해진다. 내 경우는 대기업 임원을 할 때 자주 그랬다. 내가 회사를 나온 이유이기도 하다. 마음의 평화를 위해서는 자신을 잘 들여다봐야 한다. 자기 가치관을 확인하고 가치관대로 살려고 노력해야 한다. 마음의 평화는 그런 과정에서 오는 결과물이다.

부정적인 것과 이별하자

오랜만에 만나 불행한 일부터 확인하는 사람이 있다. "이혼하고 혼자 사는 그 사람은 요즘 뭘 해?" 혼자 사니 얼마나 애로가 많겠는가. 살림만 하던 여자가 남편 없이 혼자 밥벌이하면서 애 키우느라 죽을 지경인 것은 당연하다. 이어 파산하고 도망을 다니는 친척 안부를 묻는다. 안 봐도 비디오 아닌가? 빚쟁이들 때문에 가족이 뿔뿔이 흩어지고 여기저기 떠돌아다니는 사람의 삶은 묻지 않아도 뻔하다. 부모와 의절하고 사는 친척 소식도 물어본다. 의절하고 산 게 1, 2년 된 일도 아니다. 오래된 일이다. 부모와 연락을 끊고 사니 얼마나 마음이 불편할까? 그런 사람이 사위에 며느리까지 보게 되니 모양새가 말이 아니다. 자연히 부정적인 얘기가 나온다. 그는 귀를 쫑긋 세우고 질문하면서 시시콜콜한 얘기까지 알아낸다. 오랜만에 와서 좋은 얘기도 많고 잘나가는 사람도 많은데 굳이 지지리 궁상인 사람의 안부만을 꼬치꼬치 묻는 그분의 속내는 무엇일까? 그분은 '샤덴프로이데'를 즐기는 것이다. '남의 불행은 나의 행복'이라는 독일 말이다.

세상에서 제일 재미있는 일은 이웃집 불구경이다. 옆집이 대판으로 부부싸움을 하는 모습을 보는 것이다. 이웃의 불행은 내 행복이기 때문이다. 사람은 누구나 조금씩은 남의 불행을 즐기는 악취미가 있다. 상대적 위안 때문이다. 다른 사람의 불행을 보면서 스스로 위로한다. 불이 난 집에 비해 우리 집이 멀쩡하다는 건 큰 기쁨이다. 집어 던지고 소리 지르고 싸우는 부부에 비해 별일 없는 우리 부부관계에 감사한다. 누구에게나 이런 못된 심리가 있다. 사람은 원래 그런 존재다. 하지만 늘 남의 상처를 들추고 그것을 확인하고 그럼으로써 자신을 위로하는 것은 저차원의 기쁨이다. 남의 불행을 보면서 내 행복을 확인하는 것보다는 그것과 관계없이 스스로 행복을 느끼는 것이 낫다.

해외에 몇 달씩 나간 경험이 있다. 당연히 한국 관련 소식을 들을 일이 없다. 처음에는 궁금했다. 그런데 시간이 지나면서 궁금증도 사라졌다. 사는 데 지장이 없는 것에서 떠나 오히려 마음의 평화가 찾아온다. 그런 마음의 평화는 한국행 비행기를 타고 신문을 보는 순간 깨진다. 언론을 비방하자는 건 아니다. 그들은 사건과 사고를 파는 사람들이기 때문이다. 없는 일도 과장해서 큰일처럼 부풀려야 비즈니스가 잘되는 사람들이다. 행복하기 위해서는 가능한 신문이나 뉴스와는 거리를 두고 지내는 것이 낫다.

나이가 들면서 사람을 가려 만나게 된다. 굳이 만나지 않아도 되는 사람, 만나고 올 때 기분이 안 좋은 사람, 기를 빨리게 하는 사람, 배울 게 없고 늘 남의 험담이나 하는 사람은 안 만난다. 대신 따뜻한 사람, 내게 관심과 애정을 가진 사람, 뭔가 말이 통하는 사람, 대화를 잘하는 사람과 만난다. 대화할 때도 주제 선정에 신중해진다. 가능한 한 정치, 사건, 사고 얘기는 주제에 올리지 않는다. 특히 밥을 같이 먹을 때 난 이런 식의 소재는 피한다. 가장 좋은 소재는 책에 관한 것, 재미난 일, 도움이 되는 정보다. 여기에 집중한다. 세상에는 늘 기쁨과 슬픔, 긍정적인 것과 부정적인 것, 더러운 것과 깨끗한 것이 혼재되어 존재한다. 중요한 건 어느 쪽을 보는가 하는 것이다.

참고도서

가보 마테, 류경희 옮김, 『몸이 아니라고 말할 때: 당신의 감정은 어떻게 병이 되는가』, 김영사, 2015
강북삼성병원·삼성스포츠단, 『오늘, 내게 인생을 묻다』, 서울문화사, 2014
게랄트 휘터, 박여명 옮김, 『존엄하게 산다는 것』, 인플루엔셜, 2019
구사나기 류슌, 류두진 옮김, 『반응하지 않는 연습: 나를 피곤하게 만드는 것들에』, 위즈덤하우스, 2016
김경일, 『적정한 삶』, 진성북스, 2021
김용규, 『숲에서 온 편지』, 그책, 2012
다니엘 밀로, 양영란 옮김, 『미래중독자: 멸종 직전의 인류가 떠올린 가장 위험하고 위대한 발명, 내일』, 추수밭, 2017
달라이 라마·데스몬드 엠필로 투투·더글러스 에이브람스, 이민영·장한라 옮김, 『기쁨의 발견 JOY: 달라이 라마와 투투 대주교의 마지막 깨달음』, 예담, 2017
대니얼 클라인, 김현철 옮김, 『사는 데 정답이 어딨어』, 더퀘스트, 2017
대니얼 Z. 리버먼·마이클 E. 롱, 최가영 옮김, 『도파민형 인간: 천재인가 미치광이인가』, 쌤앤파커스, 2019
레온 빈트샤이트, 이덕임 옮김, 『감정이라는 세계』, 웅진지식하우스, 2022
마야 슈토르히·쿤터 프랑크, 송소민 옮김, 『휴식능력 마냐냐』, 동아일보사, 2011
법정, 『일기일회 一期一會』, 문학의숲, 2009
법정, 『한 사람은 모두를, 모두는 한 사람을』, 문학의숲, 2009
베르너 퀴스텐마허·로타르 자이베르트, 유혜자 옮김, 『단순하게 살아라: 더 쉽고 더 행복하게 살기』, 김영사, 2021
브레네 브라운, 안진이 옮김, 『마음 가면: 수치심, 불안, 강박에 맞서는 용기의 심리학』, 웅진지식하우스, 2023
사이토 다카시, 장은주 옮김, 『혼자 있는 시간의 힘: 기대를 현실로 바꾸는』,

위즈덤하우스, 2023

샤우나 샤피로, 『마음챙김: 뇌를 재설계하는 자기연민 수행』, 안드로메디안, 2021

스벤 브링크만, 강경이 옮김, 『절제의 기술: 유혹의 시대를 이기는 5가지 삶의 원칙』, 다산초당, 2020

스튜어트 에머리·아이반 마이즈너·더그 하디, 신봉아 옮김, 『당신의 방에 아무나 들이지 마라』, 쌤앤파커스, 2023

아잔 브람, 류시화 옮김, 『술에 취한 코끼리 길들이기』, 연금술사, 2013

우에니시 아키라, 정세영 옮김, 『둔감력 수업: 신경 쓰지 않고 나답게 사는 법』, 다산북스, 2019

울리히 슈나벨, 김희상 옮김, 『아무것도 하지 않는 시간의 힘: 독일 최고의 과학 저널리스트가 밝혀낸 휴식의 놀라운 효과』, 가나출판사, 2016

윌리엄 헬름라이히, 남인복 옮김, 『분노의 심리학』, 말글빛냄, 2015

윤홍균, 『자존감 수업』, 심플라이트, 2016

이동환, 『나의 슬기로운 감정생활: 일, 관계, 인생이 술술 풀리는 나쁜 감정 정리법』, 비즈니스북스, 2018

이츠키 히로유키, 최숙향 옮김, 『타력』, 지식여행, 2012

전홍진, 『매우 예민한 사람들을 위한 책: 뇌과학과 정신의학이 들려주는 당신 마음에 대한 이야기』, 글항아리, 2020

정민, 『일침: 달아난 마음을 되돌리는 고전의 바늘 끝』, 김영사, 2012

정혜신·이명수, 『홀가분: 정혜신·이명수의 나를 응원하는 심리처방전』, 해냄, 2022

존 레이티·에릭 헤이거먼, 이상헌 옮김, 『운동화 신은 뇌: 뇌를 젊어지게 하는 놀라운 운동의 비밀!』, 녹색지팡이, 2023

줄스 에반스, 서영조 옮김, 『삶을 사랑하는 기술: 흔들리는 나에게 철학을 권하다』, 더퀘스트, 2018

칼 뉴포트, 김태훈 옮김, 『디지털 미니멀리즘: 딥 워크를 뛰어넘는 삶의 원칙』, 세종서적, 2019

칼 필레머, 박여진 옮김, 『내가 알고 있는 걸 당신도 알게 된다면: 전세계가 주목한 코넬대학교의 '인류 유산 프로젝트' 내가 알고 있는 걸 당신

도 알게 된다면』, 토네이도, 2022

폴 설리번, 박슬라 옮김, 『클러치: 인생최고의 반전전략』, 중앙북스, 2011

홍대선, 『어떻게 휘둘리지 않는 개인이 되는가』, 푸른숲, 2018

마음을 공부하라

초판 1쇄 인쇄 2025년 9월 24일
초판 1쇄 발행 2025년 9월 30일

지은이 한근태
펴낸이 안현주

기획 류재운 **편집** 안선영 **브랜드마케팅** 이민규 **영업** 안현영
디자인 표지 정태성 본문 장덕종

펴낸곳 클라우드나인   **출판등록** 2013년 12월 12일(제2013-101호)
주소 우) 03993 서울시 마포구 월드컵북로 4길 82(동교동) 신흥빌딩 3층
전화 02-332-8939   **팩스** 02-6008-8938
이메일 c9book@naver.com

값 19,000원
ISBN 979-11-94534-43-3 03320

* 잘못 만들어진 책은 구입하신 곳에서 교환해드립니다.
* 이 책의 전부 또는 일부 내용을 재사용하려면 사전에 저작권자와 클라우드나인의 동의를 받아야 합니다.
* 클라우드나인에서는 독자여러분의 원고를 기다리고 있습니다.
  출간을 원하는 분은 원고를 bookmuseum@naver.com으로 보내주세요.
* 클라우드나인은 구름 중 가장 높은 구름인 9번 구름을 뜻합니다. 새들이 깃털로 하늘을 나는 것처럼 인간은 깃펜으로 쓴 글자에 의해 천상에 오를 것입니다.